HENNING KÖHLER

Vom Ursprung der Sehnsucht

*Die Heilkraft von
Kreativität und Zärtlichkeit*

VERLAG FREIES GEISTESLEBEN

ISBN 3-7725-1265-8

1. Auflage der Neuausgabe (2. Auflage) 2001

Verlag Freies Geistesleben
Landhausstraße 82, 70190 Stuttgart
Internet: www.geistesleben.com

© 1998 Verlag Freies Geistesleben
& Urachhaus GmbH, Stuttgart
Umschlagmotiv: © P. Sheándell O'Carroll / PhotoAlto,
Pictor International
Druck: Clausen & Bosse, Leck

Inhalt

Vorbemerkungen

Die folgenden Ausführungen basieren auf mehreren frei gehaltenen Vorträgen, die für den Druck völlig umgearbeitet wurden.* Obwohl auf diese Weise ein Text entstanden ist, dem man die ursprüngliche Diktion der freien, nur in Umrissen vorkonzipierten Rede kaum mehr anmerkt, hat sich doch *eine* ihrer typischen Eigenarten erhalten: die suchende, tastende, umkreisende, immer wieder zurückverweisende, in Straffungen und Dehnungen sich ausfaltende Art der Gedankenentwicklung, die sich Schritt für Schritt – und vielleicht manchmal etwas zu lang hie und da verweilend – auf das Zentrum zubewegt. Insofern ist der Charakter des Textes sozusagen musikalisch-improvisatorisch: Variationen in der Annäherung an ein Thema, ohne vorgegebene Gliederung, nicht streng durchkomponiert, aber auch nicht im Ungefähren belassen, sorgsam im Detail und eher spielerisch-unbekümmert im Aufbau. Die Kapitelüberschriften habe ich nachträglich eingefügt; die Anmerkungen – größtenteils erläuternde und ergänzende Aphorismen – bilden einen vierten Textteil, der gleichrangig neben den drei vorangehenden

---

* 1996 in Esslingen, Frankfurt und Witten. Nachschriften frei gehaltener, in hohem Maße aus der Situation geborener und in nonverbaler Kommunikation mit dem Publikum sich aufbauender Vorträge vom Band haben die Gefahr, wie tote Gebilde zu wirken, die sich den Anschein von Lebendigkeit geben. Man sollte die übrig gebliebenen Worthülsen eines im Entstehungsprozess vielschichtigen, atmosphärisch dichten und bewegten Geschehens möglichst nicht zwischen Buchdeckel pressen. Daher die Notwendigkeit einer gründlichen Neufassung für den Druck.

steht. Dieser Stil des essayistischen Werkstattberichts wird diejenigen ansprechen, die einer gewissen Experimentierfreude und gelegentlichen Vernachlässigung der Zielstrebigkeit zugunsten neugierigen Umherschweifens etwas abgewinnen können, und möglicherweise diejenigen verärgern, die von einem Buch vor allem kühle Distanz, schlichte Form und umweglose Stringenz erwarten.

Die Darstellung bewegt sich zwischen Psychologie, Philosophie und Anthroposophie. Es handelt sich, kurz gesagt, um den Versuch einer philosophischen Erkundung spiritueller Grenzbereiche der Seelenwissenschaft, der uns immer wieder an den Punkt heranführt, an dem philosophisches in anthroposophisches Denken umschlägt und die gewöhnliche linear-logische Betrachtungsweise ihre Unzulänglichkeit offenbart. Dabei war mir erneut die Gratwanderung auferlegt zwischen – streckenweise – notgedrungen «schwieriger» Argumentation (notgedrungen deshalb, weil sich komplexe Zusammenhänge nun einmal nicht «einfach» abhandeln lassen) und Vermeidung einer Gelehrtensprache, welche der ungeübte Leser als hochtrabend und unzugänglich empfinden müsste. Es wird unterschiedliche Meinungen darüber geben, ob mir das gelungen ist. Ich glaube aber sagen zu können, dass dieses Buch niemanden ausschließt, der sich einer gewissen Mühe des denkenden Mitvollzugs unterziehen will. Man braucht keine Universitätsbildung, um zu verstehen, was hier besprochen wird. Was man allerdings braucht, ist Freude an der Erarbeitung «psychosophischer» (Rudolf Steiner) Elementarbegriffe.

Ich wurde von Lesern früherer Bücher gelegentlich gefragt, ob ich es denn «nötig» hätte, zur Stützung meiner Aussagen ständig andere Autoren zu zitieren. Nein, «nötig» habe ich das nicht. Aber ich tue es mit Freude und Überzeugung – nicht um meine Aussagen zu «stützen», sondern weil ich die Leistungen anderer bewundere und dies mitteilen will. Die «zitierende Geselligkeit» (man tritt in einen Kreis von Geistern ein, mit denen man gern

Austausch pflegt) gehört zu den sinnreichen Gepflogenheiten der heutigen Diskussions- und Publikationskultur – als eine Art Höflichkeits- und Bescheidenheitsregel, die zum Ausdruck bringt, dass man nicht ans Werk gehen sollte, ohne sich vor den Werken anderer verneigt zu haben. Natürlich kann dieser Brauch zur hohlen Pflichtübung verkommen oder verfälscht werden, etwa wenn das Zitieren nur dem Zweck dient, die eigene Gelehrtheit und Belesenheit herauszustreichen. Das aber liegt mir wirklich ganz fern. Es sind ja – im Unterschied etwa zu Dissertationen oder dissertationsähnlichen Fachbüchern – nur ein paar wenige, «handverlesene» Zeitzeugen, die ich intensiv mit einbeziehe; andere kommen eher beiläufig zu Wort. Die Auswahl ist willkürlich, unsystematisch und höchst lückenhaft. Sagen wir einfach: Ich lese gern und viel, und dabei stoße ich immer wieder auf Autoren, die mich ungewöhnlich fesseln. Warum sollte ich sie nicht zitieren?

Was ich wohl nötig zu haben glaube, das ist die *Auseinandersetzung* mit zeitgenössischen Positionen und Versuchen, insbesondere natürlich mit solchen, denen ich mich verwandt fühle. Von dieser Auseinandersetzung profitiere ich, und das Zitieren ist meine Art und Möglichkeit, dafür Dank zu sagen. Darüber hinaus halte ich es für wichtig, dass anthroposophische Publikationen zu brennenden Zeit- und Sinnfragen *erkennbar* mitten hineingestellt werden ins aktuelle Geistesleben und dass wir *teilnehmen* an den großen Debatten im Rückblick auf das 20. Jahrhundert. Solche Teilnahme schließt den Wunsch ein, geistige Verbindung herzustellen zu herausragenden Individualitäten, die mit Originalität, Fantasie und profundem Wissen für eine menschlichere Welt gestritten und dem materialistischen Zeitgeist ihr *glühendes* Engagement für Freiheit und Liebe entgegengesetzt haben. So wurzelt dieses Buch zwar fraglos in der Anthroposophie Rudolf Steiners, aber ich möchte es darüber hinaus auch als Huldigung verstanden wissen an diejenigen – erst unlängst verstorbenen oder noch lebenden – Denker und

Künstler, die ich, teilweise ausgiebig, zu Wort kommen lasse. Besonders viel verdanke ich, wie man bemerken wird, Martin Buber, Joseph Beuys, Viktor E. Frankl und Emmanuel Lévinas. Johannes Stüttgens konsequente Fortsetzung und Verteidigung des Beuysschen Vermächtnisses nötigt mir immer größeren Respekt ab. Dass es Leute wie ihn, Eckhard Schiffer oder Richard Wisser gibt, die es sich nicht abgewöhnen lassen, das Denken aus Herzenskräften zu erwärmen, mit Fantasie aufzuladen und hinfliegen zu lassen zu den Pforten des Unausdenklichen, stimmt mich froh in diesen deprimierenden Zeiten, ganz gleich, ob ich ihnen in jedem Punkt zustimmen kann oder nicht.

Obwohl die folgenden Ausführungen nur indirekt in die pädagogische Diskussion eingreifen – wenngleich der Dreh- und Angelpunkt ein bedeutsames entwicklungspsychologisches Phänomen ist, dessen Berücksichtigung namentlich zum besseren Verständnis des frühen Jugendalters beiträgt –, knüpfen sie doch an mein 1997 erschienenes Buch *Schwierige» Kinder gibt es nicht* an, aber auch an die beiden biografiekundlichen Studien *Der Mensch im Spannungsfeld zwischen Selbstgestaltung und Anpassung* (1995) und *Das biografische Urphänomen* (1997). – Eine thematisch der vorliegenden Studie sehr ähnliche, aber viel kürzere, weniger detaillierte und eher narrative Darstellung ist unter dem Titel *Eros als Qualität des Verstehens* fast zeitgleich (1998) erschienen.*

Es wird hiermit ein weiterer Schritt getan in die Richtung der allmählichen Ausarbeitung dessen, was in *Schwierige» Kinder gibt es nicht* erstmals unter dem Begriff «Kindheitsidee» erscheint und was auch Karl König im Auge hatte, als er sagte, dass «mit (dem) Kind-Sein in uns ... etwas vorhanden ist, was jenseits aller Zeitenläufe besteht ... ein Ewiges, das als ein Jenseitiges gemeint ist ... und nicht nur im Kind beschlossen ist, sondern im Menschen besteht (und) sich immer neu offenbaren will» im Sinne des Evangelienwortes: «Wer von Euch nicht umkehret, um zu werden wie die Kinder, der kann nicht in das

Himmelreich eintreten.» Damit ist, fügt Karl König hinzu, kein «absolut Jenseitiges» gemeint, sondern «das, was wir alle in uns tragen: ... Dieses schlummernde Stück Kindheit hält uns als Mensch aufrecht.»[**]

Nürtingen / Wolfschlugen 1998   *Henning Köhler*

11

Teil I

Aspekte der Sinnfrage
Oder: Was heißt «gesund»?

Einleitung

«‹Ein weissagendes Wesen ist die Seele› mit dem Ausdruck Platons. Es gibt eine absolute, schöpferische Freiheit. – Die(se) vollständige Freiheit ... hat eine positive Bedingung im Anderen, das nicht ein vorgestelltes Anderes ist, sondern der Andere.»
                                                    Emmanuel Lévinas

Die Frage nach dem «richtigen», glücklichen Leben wurde durch viele Jahrhunderte hindurch von philosophischen und religiösen Denkern untersucht und sehr unterschiedlich beantwortet. Heute besteht die Tendenz, diese Frage zu *medizinalisieren*. Mit anderen Worten: «Glücklichsein» wird in hohem Maße mit «Gesundsein» gleichgesetzt. Unter Gesundheit wiederum versteht man in erster Linie die Abwesenheit von körperlichen Beschwerden, ferner die Abwesenheit von psychischen Beschwerden, deren Ursachen jedoch im Körperlichen gesucht werden, ausgehend von der Überzeugung, die Seele sei für sich genommen nichts, sondern lediglich der Schauplatz gewisser Rückkoppelungen, durch die der Mensch seine körperlichen Zustände in Form von Empfindungen, Stimmungen und Bildern erlebe. Dieser reduktionistische Gesundheitsbegriff hat die alte Menschheitsfrage nach dem «glücklichen», sinnerfüllten Leben gleichsam in sich aufgesogen, und dadurch ist der Begriff des «Heilsamen», «Heilenden» zusammengeschrumpft zur Bezeichnung für alles dasjenige, was unternommen werden kann, um den *psycho-physischen Apparat*, sobald er uns irgendwelche Missempfindungen bereitet oder Abnützungserscheinungen zeigt, wieder zum störungsfreien Funktionieren zu bringen. Sollte das die Quintessenz der abendländischen Geistesgeschichte in Bezug auf den menschlichen Daseinswert sein?

Wir sollten uns damit nicht zufrieden geben. Alles, was direkt oder indirekt in der heutigen Zeit die Gesundheitsfrage, die Frage des Therapeutischen berührt, verlangt von uns in einem viel tieferen Sinne, als wir es gewohnt sind, unser Darinnenstehen in den gesellschaftlichen und Weltereignissen zu begreifen. Ohne das Bemühen, den Menschen als geistig-seelisches Wesen im Gesamtzusammenhang seiner Existenz zu verstehen, wird das Heilwesen immer mehr zu einer großen Menschenreparaturveranstaltung verkommen. Es ist schlechterdings unmöglich, Menschen zu reparieren, denn «defekte» Menschen gibt es nicht; defekt können nur Maschinen sein. Der Defekt-Begriff setzt nämlich einen zweckgerichtet konzipierten, nach genau festgelegtem Programm arbeitenden Mechanismus voraus, der weder einen Eigenwillen noch eine Eigenwahrnehmung, noch ein Empfindungsleben hat oder Spuren von subjektiver Eindrucksverarbeitung aufweist. Wo die genannten Qualitäten teilweise oder ganz vorhanden sind, hat man ein beseeltes Lebewesen vor sich, und ein solches kann nicht «defekt» sein, sondern es *leidet* – was ein himmelweiter Unterschied ist, den man endlich zur Kenntnis nehmen sollte. Da er aber nicht zur Kenntnis genommen wird, stehen wir vor der eigenartigen Situation, dass man an den Stätten des Helfens und Heilens ein Trugbild zum Ideal erhoben hat: das störungsfrei funktionierende Gerät Mensch. Und dieses Trugbild, dem wir alle mehr oder weniger nacheifern, macht uns auf eine vertrackte Art umwegig krank. Es handelt sich eigentlich um ein destruktives Ideal, das die ganze westliche Zivilisation ergriffen hat. Und die Medizin erniedrigt sich zur eifrigsten Handlangerin des dahinter stehenden Ungeistes, während es, wie ich meine, ihre Kulturaufgabe wäre, diesem Ungeist die Stirn zu bieten.

Es gibt Grundtatsachen der menschlichen Existenz, die man heute aus einer gewissen Resignation heraus mehr und mehr vergisst oder leugnet und die deshalb immer wieder, gerade im Hinblick auf die Gesundheitsfrage, in Erinnerung gerufen werden müssen. Eine solche Grundtatsache ist der Zusammenhang von Leib, Seele und Geist. Mit diesem Zusammenhang in Bezug auf Gesundheit und Krankheit beschäftigt sich glücklicherweise eine neuere Forschungsrichtung seit einigen Jahren sehr intensiv, indem sie aus naturwissenschaftlichen Hintergründen der Frage nachgeht, inwieweit die seelisch-geistige Verfassung des Menschen Einfluss hat auf die Stabilität oder Instabilität seines Immunsystems. Die Forscher, die sich mit dieser so genannten Psychoneuroimmunologie (PNI) befassen, kommen zu immer erstaunlicheren Ergebnissen. Sie kommen nämlich – vereinfacht gesagt – immer mehr dahin, bekennen zu müssen, dass das seelische Befinden nicht nur eine geringfügige, sondern eine ganz entscheidende Auswirkung auf die körperliche Krankheitsanfälligkeit hat. Obwohl PNI die Gefahr birgt, in simple psychologisierende Vorstellungen zu verfallen,[1] ist man doch angesichts des gegenwärtigen, man muss schon sagen: vulgärmaterialistischen Zeitgeist-Trends froh, dass überhaupt solche Untersuchungen durchgeführt werden, die ja im Endeffekt auf eine Stärkung der Position randständiger Hilfsangebote wie Kunsttherapie, Biografiearbeit, meditatives Üben und so weiter innerhalb der Medizin hinauslaufen müßten – vorausgesetzt, dem Trend zur «ökonomischen Diktatur» (hektisches Sparen im Sozial- und Gesundheitswesen bei gleichzeitig wachsendem gesellschaftlichem Reichtum und immer gigantischerer Geldverschwendung) kann Einhalt geboten werden.

Was durch PNI aus naturwissenschaftlicher Sicht wieder ins Gespräch gebracht wird, ist schon seit Jahrzehnten ein zentrales Thema der auf Rudolf Steiner zurückgehenden anthroposophisch-menschenkundlichen Forschung. Es eröffnet sich also hier die Chance, dass eine geistorientierte medizinisch-psychologische Strömung[2] ins Gespräch kommt mit dem fortschrittlichsten Zweig der so genannten Schulmedizin. Die vorliegende

Schrift ist als Beitrag zu einem solchen wünschenswerten Dialog zu verstehen – wobei ich nicht als Mediziner sprechen kann, sondern natürlich die Dinge aus dem Blickwinkel betrachte, der meinen Tätigkeiten als Heilpädagoge, Erziehungs- und Jugendberater und Berater für Erwachsene in Lebenskrisen entspricht. Ich arbeite allerdings seit langem mit Ärzten zusammen, die ihre Profession kritisch hinterfragen und ihrerseits den Dialog mit nicht-ärztlichen Therapeuten suchen, um zu einem integrativen Behandlungsansatz vorzudringen.[3]

Freiheit und Wärme

Beobachtet man das menschliche Seelenleben mit der Frage nach den primären Seelenbedürfnissen, von denen sich alle anderen ableiten beziehungsweise denen gegenüber alle anderen nur eine Ersatzfunktion erfüllen, dann treten vor allem zwei Begriffe ins Blickfeld. Prüfen Sie sich in einer stillen Stunde selbst, liebe Leserinnen und Leser. Lauschen Sie wieder einmal in sich hinein. Da gibt es noch manches, was sich dem Kälteprozess der Verdinglichung und Veräußerlichung, den man irreführend «Zur-Vernunft-Kommen» nennt, vorenthalten hat. Welches sind die Quellen Ihrer Sehnsucht? Worauf richtet sich Ihre Hoffnung *im Kern*, das heißt wenn Sie alle auf *Haben, Scheinen und Gewinnen* bezogenen Hoffnungssurrogate abziehen und sich darauf besinnen, was einst als Leitmotiv Ihres *Seins und Werdens* vor Ihnen stand und alles andere überstrahlte? Von welchen Ur-Wünschen, die immer wieder neu entdeckt und ermutigt werden müssen, damit Sie nicht vor der Übermacht des Unabänderlichen kapitulieren, stammen Ihre partiellen, auf Naheliegendes, *Besitzbares* gerichteten Wünsche und Begehrlichkeiten ab? Wie war das bei Ihnen in den Zeiten, «als das Wünschen noch geholfen hat»? Da waren Sie ganz erfüllt erstens von der Sehnsucht nach Liebe und Geborgenheit und zweitens von der Sehnsucht nach Freiheit.[4]

Zum ersten Punkt wird wohl niemand grundsätzliche Fragen haben. Der zweite ist vielleicht nicht auf Anhieb klar. Freiheit wovon, wozu? Es würde den Rahmen dieser Schrift sprengen, die Freiheitsfrage gründlich zu erörtern, aber ich hoffe, Sie werden mir trotzdem darin zustimmen, dass das Erlebnis individueller Freiheit eng verknüpft ist mit der Möglichkeit, sich autonome Ziele zu setzen und dieselben ungehindert zu verfolgen.

Wenn Sie den Eindruck haben, Ihr Leben weitgehend nach eigenem Ermessen und Gutdünken einrichten zu können und niemandem Rechenschaft zu schulden außer dem eigenen Gewissen, dann bezeichnen Sie sich als einen freien Menschen. Natürlich kann man sich, was den tatsächlichen Autonomiegrad von Zielsetzungen und die Authentizität der Gewissensstimme angeht, gehörig irren, aber an der Richtigkeit der Kernaussage *Freiheit ist Selbstbestimmung* ändern alle philosophischen und psychologischen Spitzfindigkeiten nichts.[5] Möglichst souverän – das heißt, nicht von fremden Einflüssen gelenkt, keinen äußeren oder inneren Zwängen unterworfen – sich selbst, das eigene Leben, die Dinge und Beziehungen *im* eigenen Leben *gestalten* zu können: das ist es, wonach wir uns – außer nach Liebe – am meisten sehnen. Die Hoffnungsachse verläuft von der Freiheit zur Liebe und umgekehrt. Und alles, was diesen Sehnsüchten zuwiderläuft, *kränkt* den Menschen. Wo und wie auch immer diese Kränkungen symptomatisch hervortreten – betroffen ist das ganze Seinsgefüge. Es gibt keine seelischen Verletzungen, die nicht in irgendeiner Form auf den Leib übergreifen würden. Und umgekehrt.[6]

Exkurs

Wir bewegen uns, ausgehend von einer *Suchaktion nach dem Ursprung der Sehnsucht*, verweilend bei der *Kritik des gängigen Gesundheitsbegriffs*, über die *Erörterung der Sinnfrage als Beziehungs- und Gestaltungsfrage* auf das Phänomen des im frühen Jugendalter rein hervortretenden *Zärtlichkeitsvermögens* zu. Die *vor* der Geschlechtsreife gnadenhaft als *Liebesreife* und adventliches Vorgefühl auf alle echten Be-Freundungen des

Lebens hervortretende *Wärme*qualität des Eros, durch die das
«Du bist» zum Ereignis unmittelbaren Verstehens der gott-
ebenbildlichen Gestalt des Anderen – seiner Hinentworfenheit
auf den MENSCHEN – wird, ist das Ziel, dem sich die Betrachtung
nähert und von dem sie geführt wird. Vergegenwärtigen wir uns
aus Anlass des soeben ins Spiel gekommenen Begriffs der seelischen *Kränkung* durch sinnwidrige – der Freiheits- und Liebessehnsucht zuwider laufende, also den Wärmestrom des Eros
zurückdrängende – Lebensumstände kurz einige Zusammenhänge, die im weiteren immer wieder anklingen werden (die
Zitate sind Vorverweise).

Eine tiefe Irritation des Ich-Welt-Verhältnisses, eine Sinnkrise, ein biografischer Kontinuitätsbruch, ein Hoffnungssturz –
davon ist der Mensch insgesamt betroffen. Das ganze Wesensgefüge ist erschüttert. Diese Erschütterung kann sich mehr im
Physisch-Leiblichen oder mehr im Geistig-Seelischen oder
pendelnd zwischen Psyche und Soma auswirken, je nach Le-
benssituation, Temperament, Erfahrungsgestalt und individueller Wesensart des Betroffenen. Immer sind alle Seins-Ebenen
involviert: der Bios, die Beziehungsebene, das Selbstwertgefühl,
das Vorstellungsleben, der Sinnes- und der Willensmensch.
Aber es gibt unterschiedliche Betonungen. Um zwei Extreme
zu nennen: Der eine weint tagelang, versinkt für weitere Wo-
chen in tränenloser Schwermut, ist in dieser Phase vielleicht
suizidgefährdet und auch körperlich schwer in Mitleidenschaft
gezogen, hat aber danach das Schlimmste hinter sich; der andere
tut so, als sei gar nichts Besonderes vorgefallen, verlagert das
Kampffeld ins Körperliche und setzt unter Umständen einen
langwierigen Leidensprozess mit wandernden funktionellen
Beschwerden in Gang, die ihn bald völlig gefangennehmen. Es
gibt aber nicht nur diese vordergründig imponierenden psycho-
physischen Übertragungsphänomene bzw. Wechselwirkungen,
sondern auch weniger augenfällige, schleichende, langsam, aber
nachhaltig zermürbende. Warum sollte ein Dauerzustand des

elementaren seelischen Mangels, des Gekränktseins durch Einsamkeit, Desinteresse der Mitmenschen, Untauglichkeits- und Unverstandenheitsgefühle und so weiter die physisch-leibliche Organisation, mit der ich als geist-seelisches Wesen bis in die feinsten Verästelungen und Unterströmungen hinein verwoben bin, unbehelligt lassen? Das widerspräche aller Erfahrung und praktischen Vernunft.

Ich habe in meinem Buch *Jugend im Zwiespalt* (S. 103 ff.), bezugnehmend auf Walter Holtzapfel und andere, darauf hingewiesen, dass in der Pubertätszeit seelische Kränkungen, also Brüskierungen der im selbsterkennenden Bewusstsein aufscheinenden Freiheits- und Liebessehnsucht, die in diesem Alter einer offenen Wunde gleicht, wie Vergiftungsschocks wirken können. (Die *Würde* ist eine *Wunde* und zugleich *die* innere Heilquelle: Ins Zentrum des Heil-Seins – in das Ge-*heil*-igte – zu treffen heißt, in die Ur-Wunde zu treffen, an die alle sekundären, akzidenziellen Verwundungen nur *erinnern*.) Beschrieben wird der krasse, aber exemplarische Fall eines gesundheitlich völlig stabilen Mädchens, das sich nach einer ungerechten Bestrafung – durch einen Schlag ins Gesicht – zurückzieht, in der nächsten Stunde einen rapiden Kräfteverfall erleidet und an Herzversagen stirbt: «Übelkeit, Bewusstseinstrübung, Schock, Krämpfe und Kreislauftod durch eine nicht zu bewältigende seelische Verletzung, die das … Selbstwertgefühl zusammenbrechen lässt.» Das ist, wie gesagt, ein Vorfall, der sich im frühen Jugendalter ereignete und – bei aller Tragik – keinesfalls abwegig ist, wenn man die Wesensverfassung der Kinder in diesem Alter in Betracht zieht (vgl. Teil III, «Schon weil du bist, sei dir in Dank genäht» und folgende Kapitel). Sofern man einen Schlag ins *Gesicht* überhaupt als harmlos bezeichnen kann, war die Ohrfeige, äußerlich betrachtet, harmlos. Aber sie traf mitten hinein in das Geheiligte, in das *Weh*, von dem die Feierstimmung des Auf-Bruchs der Menschenwürde (Lévinas' «Bruch im Sein», vgl. Kap. «Der Tranquilizer-Effekt») unterlegt und elegisch verzaubert ist: in die Verletzlichkeit des erwachenden Eros, den wir kennen lernen werden als Begabung eines radikalen, an die Wurzeln gehenden (das Wort radikal kommt von lat. radix, *Wurzel*) Feingefühls für das Zwischenmenschliche: «Du-Sinnigkeit».

Das ist, wie ich zeigen will, die Qualität, welche *allein* eine über die Schwelle hinausweisende (*transzendente*) Sinnperspektive eröffnet. (Eine diesseitige Sinnperspektive wird die exzellenteste philosophische Rhetorik nie glaubhaft machen können, auch der vortreffliche Jean Paul Sartre konnte es nicht; entweder am Ende des Weges ist der Abgrund, das spurlose Verschwinden, oder nicht; ist dort nicht der Abgrund, so ist dort der MENSCH, der *hier* schon aufscheint im «Zwischen-uns», von dem Lévinas spricht. Richard Wisser vertritt eine ähnliche Position, indem er *den Menschen auf dem Weg zu Gott* auf zeitgemäße, ganz und gar nicht frömmelnde Art charakterisiert als denjenigen, der in der «Zwischenmenschlichkeit» sein erlösendes – todüberwindendes – «Höchstes» anstrebt, das sich im Diesseitigen nicht als «Zustand» erfüllt, auf dessen Erfüllung jenseits der Schwelle das körperhafte Sein jedoch ausgerichtet werden muß, um «aufzubrechen» für den Sinn.) Wir berühren das eigentliche, «geheime» Thema des alten Menschheitstraumes vom Jungbrunnen, von der Quelle ewiger *youthfulness*, womit natürlich nicht die körperliche, sondern die ver-körperte, im alternden Leib sich durch Verwandlungen hindurch erhaltende oder verwandelt wieder aufscheinende Jugendlichkeit des *Eros* und der *Kreativität* gemeint ist: das KINDHEITSWESEN. Diese *geheiligte* Qualität oder Instanz, wenn sie in der «Es-Welt» (Buber) nach außen gekehrt wird mit dem *nichts als Nähe und Verstehen begehrenden* Gestus der Hin-Gabe, ist aber auch unser wundester Punkt, unsere eigentliche Blöße. In der Abschiedsstimmung des biografischen Schwellenübertritts zur «Erdenreife» (Rudolf Steiner) erhebt sich *ungeschützt* das KIND in seiner ganzen Entschiedenheit zum *Guten*, in seiner Ambivalenz zwischen frappierender Kraft und frappierender Schwäche, und nun kann ein scheinbar harmloser Hieb tödlich, aber auch ein scheinbar belangloses Zeichen der Wertschätzung ermutigend für das ganze Leben sein. Es ist nicht der Sehnsuchtskern selbst, der da verletzt oder gekräftigt wird, denn er ist nicht von dieser Welt (vgl. das Kap. «Ungeboren geboren»), sondern seine an die Welt grenzende «Haut».

Später liegt die Wunde im Allgemeinen nicht mehr ungeschützt bloß, seelische Kränkungen treffen nicht mehr so direkt und brutal, wir können sie bis zu einem gewissen Grad verarbeiten, entwickeln Strategien, uns unempfindlich zu machen. Aber die permanente Zurückdrängung der *Bedürfnisse und Gestaltungsimpulse aus dem Ursprung der Sehnsucht* setzt ein Gift frei, das dennoch seine Wirkung tut: das Gift der Vergeblichkeit. Wenn man sich fragt, wie dieses Gift wirkt, dann muss man nur dasjenige, was im Falle des *tödlich gekränkten* Mädchens jäh und schockartig geschah, als einen über Jahre oder Jahrzehnte hin sich dehnenden, schleichenden, langsam zermürbenden Vorgang denken: eine allmählich «zusammensackende» (Frankl), immer weniger von innen durchglühte, immer spärlicher aus Hoffnungskräften belebte und aufgerichtete Existenz. Niemand soll mir erzählen, demgegenüber und davon abgetrennt könne eine kraftvolle und gesunde körperliche Verfassung mit unbeirrt stabilem Immunsystem aufrecht erhalten werden! *Dass* Selbstwerterfahrung und Sinnorientierung ganz wesentliche Gesundheitsfaktoren sind, steht außer Frage. Man macht sich nur einen grundfalschen Begriff davon, *was* unter Selbstwert und Sinn zu verstehen sei. Wer zum Beispiel Selbstwerterfahrung mit Selbstzufriedenheit, Sinn mit äußerem Erfolg gleichsetzt oder glaubt, ein sinnorientiertes, das heißt auf Freiheit und Liebe ausgerichtetes Leben sei ein einfaches, vergnügliches Leben, irrt auf der ganzen Linie. Es führt kein Weg an der Paradoxie vorbei, dass der schöpferische Mensch zwar an Gesundheitsquellen angeschlossen ist, aber zugleich – nach

Maßgabe seiner konstitutionellen Ausstattung – ein hochgradiger *Kraftvergeuder* ist und obendrein *sich die Blöße gibt*. Sein biografischer Stil verspricht und erlaubt kein schonendes, angenehmes Leben zwischen Fitness-Studio, Kosmetik-Salon und Frischzellen-Kur, sondern verlangt nach einem in vollen Zügen gelebten und *qualitativ ertragreichen* Leben – mit allen Höhen und Tiefen. Nicht umsonst wird genau dies von fast allen Jugendlichen, denen man ihre Jugendlichkeit nicht schon im Ansatz vergiftet, als Ideal und Kontrastprogramm zur behaglich dahinplätschernden bürgerlichen Langeweile formuliert. Sie ahnen: Wer die Strapazen des «Abenteuers Leben» scheut, mag manchen Unbillen entgehen, sich manche Stürze und Blessuren ersparen, aber er setzt sich – auch körperlich! – der *schleichenden Vergiftung der Sinnlosigkeit* aus. Man muss sich entscheiden. Und es dürfte die Entscheidung erleichtern zu wissen, dass der modische Gesundheitskult Schwindel ist. Wer sich ihm beugt und das «Homöostaseprinzip» (Frankl) zum Lebensprinzip erhebt, ist vor dem, was er unentwegt zu vermeiden versucht, keinen Deut besser geschützt als derjenige, der zwar nicht gerade gesundheitlichen Raubbau betreibt, aber auf dem Standpunkt steht, dass Energie und Vitalität dazu da sind, *kreativ verbraucht* zu werden. Kreativ heißt: gestaltend im «Zwischen-uns».

Einigen wir uns zunächst auf die schlichte Feststellung: Ein Mensch, der sich von anderen Menschen innerlich gestützt, anerkannt, *gewürdigt* weiß, hat fraglos bessere Voraussetzungen, mit körperlichen Beschwerden fertig zu werden, als ein anderer, der sich allein gelassen, verkannt, missachtet fühlt. Der Chirurg und Medizinprofessor Gerhard Heinrich Ott, der sich die «Heilungskraft der Seele» zum Lebens- und Forschungsthema gemacht hat, ist zu dem Ergebnis gekommen, dass selbst bei schwer kranken Menschen «Trost und Hoffnung als Bestandteil der Genesung» einen hohen Stellenwert besitzen. Es habe sich deutlich gezeigt, «dass auch Seelisches, dass *Wärme* zum Heilen und Genesen gehört» (zitiert nach Smerling/Weiss). Und in der wahrlich nicht übermäßig für kühne Ideen aufgeschlossenen ZEIT teilt Günter Haaf als Ergebnis seiner Recherchen mit, dass «Schmerzexperten nahezu unisono betonen, wie wichtig die psychische Komponente für eine erfolgreiche Behandlung ist», und zwar vor allem deshalb, weil «soziale und kulturelle Faktoren … die Schmerztoleranz beeinflussen» und eine höhere Erträglichkeitsschwelle wiederum die Gesundung fördert – was nichts anderes heißt, als dass der Faktor «seelische Wärme» die Belastbarkeit erhöht, den Zusammenbruch der Genesungszuversicht verhindert und dadurch das Eingreifen körpereigener Abwehr- beziehungsweise Regulierungskräfte gegen die schmerzauslösenden Vorgänge begünstigt. *Wie* in solchen Fällen «die Gefühlswelt mit dem Körperlichen kommuniziert» (Ott), weiß noch niemand genau; aber wer nicht hoffnungslos vorurteilsbeladen ist, muss einräumen, dass mit dieser Kommunikation zu rechnen ist. In Bezug auf seelische Krisen setzt der Zusammenhang zwischen Überwindungskraft und sozial-emotionalem Gehaltensein niemanden in Erstaunen, aber dass es diesen Zusammenhang eben auch bei körperlichen Erkrankungen gibt, war bislang eher eine auf Erfahrungen beruhende Arbeitshypothese, an die manche geglaubt haben und manche nicht. Die Psychoneuroimmunologen sind nun dabei, von naturwissenschaftlicher Seite her den Nachweis für das längst schon Beobachtbare und Beobachtete zu erbringen. Wenn auch viele Wechselwirkungen im menschlichen Wesensgliedergefüge[7] der groben Diagnostik nicht zugänglich sind, wird das, was man an der Oberfläche findet, genügen, um klarzustellen, dass die Trennung zwischen Geistig-Seelischem und Physisch-Leiblichem wirklichkeitsfremd ist.

Halten wir fest: Sozial-emotionaler Wärmemangel bringt den Menschen in eine Verfassung, die sich zunächst einmal ungünstig auf sein Immunsystem auswirkt. (Ich sage «zunächst einmal», weil es hier keinen Automatismus gibt. Der Zusammenhang gilt nicht unter allen Umständen; er kann zum Beispiel aufgehoben werden, wenn jemand bewusst die Einsamkeit wählt und sich in der selbst gewählten Abgeschiedenheit andere Wärmequellen erschließt.) Offensichtlich verlangt die Überwindung des Reduktionismus in der Immunologie den Einbezug des Faktors Wärme in seiner *Gesamtheit*, also das Wärmefeld als Durchdringungsfeld von physikalischen und seelisch-geistigen Prozessen. Das ist das Erste, was in Betracht kommt, wenn wir uns heute ernsthaft mit Gesundheitsvorsorge befassen wollen. «Das Stückchen Wärme, das wir in uns tragen, das ist der Ich-Mensch» (R. Steiner). Der Ich-Mensch – Wärmemensch – trachtet danach, als Beziehungswesen buchstäblich in seinem Element zu sein, «in der Wärme, (wo) die Vermittlung zwischen Seelenleben und Körperlichkeit gegeben» ist (Friedrich Husemann). Damit haben wir schon einen Seitenblick auf «die gemeinsame Quelle von Kreativität und Zärtlichkeit» geworfen.

Die Gesundheitsfrage als soziale Frage

Es gibt in Bezug auf die Gesundheitsfrage zunächst immer zwei grundsätzliche Betrachtungsmöglichkeiten, die eine ausgehend vom einzelnen Menschenschicksal, die andere von den Zivilisationsbedingungen, dem allgemeinen Problem *der Zurückdrängung der natürlichen Schöpfung durch gesundheitsschädigende Auswüchse der Menschenschöpfung.* Man kann sich auf den theoretischen Standpunkt stellen, es müssten alle im Übereifer des «Machet euch die Erde untertan» entstandenen krank machenden Einflüsse aus der Welt geschafft werden, dann wären die Menschen gesund. Das hat zwar – wenn man den Begriff «krank machende Einflüsse» weit genug fasst – theoretisch seine Richtigkeit, aber ich brauche wohl nicht näher auszuführen, dass wir da gegen den berühmten Drachen kämpfen würden, dem für jeden abgeschlagenen Kopf drei neue nachwachsen. Außerdem: Ganz abgesehen von ¥technischen Auswüchsen, Umweltverschmutzung und so weiter wäre die Erdenwelt nicht die Erdenwelt und der Mensch nicht der Mensch, wenn die Begegnung zwischen ihr und ihm keine Komplikationen mit sich brächte.[8] Umweltmedizin und medizinische Soziologie bis hin zur medizinischen Konflikt- und Friedensforschung sind unentbehrlich. Wir dürfen nicht nachlassen im gegebenenfalls auch kämpferischen Bemühen um menschengemäße, stärkende und wärmende Lebens-, Umwelt-, Arbeits-, Bildungsbedingungen. Aber wir müssen uns – das ist die zweite Betrachtungsmöglichkeit – auch fragen: Wenn das, was von außen her vergiftend auf uns einwirkt, nun einmal da ist und noch lange da sein wird; wenn außerdem der Mensch als transzendentes Wesen (nämlich insoweit er, seiner Sehnsucht folgend, Selbst- und

Weltgestalter sein will) grundsätzlich in einem kräftezehrenden Widerspruch mit den physisch-materiellen, beziehungsweise leiblichen Gegebenheiten steht – wie können dann innere Heilquellen freigelegt werden, die ihm bis zu einem gewissen Grad gegen die Kränkungen der Zeit Schutz bieten und ihm helfen, die Strapazen des Hineingestelltseins in die «Es-Welt» (M. Buber) zu bewältigen?[9]

Die Gesundheitsfrage ist im eminentesten Sinne eine soziale Frage. Es gehört zu den verhängnisvollen Zeichen der Gegenwart, dass man sich in der Illusion wiegt, das Projekt gesamtgesellschaftliche Erneuerung in Richtung auf einen freiheitlichen, demokratischen Sozialismus, d.h. auf *gesunde Verhältnisse,* habe sich erübrigt. Die mehr als einfältige, gleichwohl in großem Stil veröffentlichte Begründung lautet, das Scheitern des autoritär-kommunistischen Großversuchs beweise, dass der Kapitalismus, der durch jenen überwunden werden sollte, die beste aller Gesellschaftsordnungen bzw. Lebensformen sei. Offenbar ist die Suspendierung des Wahrnehmungsvermögens für den *ruinösen* Charakter dieser Lebensform eine der durch sie hervorgerufenen Degenerationserscheinungen.[10] – Die Gesundheitsfrage ist zweitens natürlich eine Frage der ärztlichen Kunst und der sie ergänzenden Therapieformen.[11] Aber die Gesundheitsfrage ist in hohem Maße auch eine Frage der individuellen Daseinsbewältigung. Und hier kommt es eben nicht nur auf gute Ernährung, Vitamine, saubere Luft, Fitness und dergleichen an, sondern *mindestens* ebenso sehr auf dasjenige, was die seelische Verfassung *direkt,* also nicht über den Umweg des körperlichen Wohlbefindens, betrifft. In diesem Zusammenhang ist die Qualität der zwischenmenschlichen Beziehungen von größter Bedeutung, und zwar in einem, wie wir sehen werden, viel tieferen Sinne, als dass man sich mit Allerweltsweisheiten wie «Beziehungsstress schlägt auf den Magen» begnügen könnte. Womit wir, vom Individuum ausgehend, wiederum auf die soziale Frage zurückverwiesen sind.

Überall, wo Menschen zusammenkommen, um gemeinsam ihr Menschsein zu gestalten – von der Zweierbeziehung über die Familie bis zum Interessenverbund oder Arbeitskollektiv –, wird Gesundendem oder Kränkendem Vorschub geleistet, sowohl den Einzelnen, als auch den sozialen Organismus in seiner Gesamtheit betreffend. Das Gesundende ist eben im weitesten Sinne das von gegenseitigem Respekt, gegenseitiger Wertschätzung und Rücksichtnahme, kurz: von praktizierter Liebe Getragene. Ich habe nicht die Absicht, in das fadenscheinige und folgenlose «Habt-einander-alle-lieb»-Gesäusel einzustimmen, mit dem Sonntagsprediger und spirituelle Schwärmer die Welt glauben retten zu können, ohne sie *von Grund auf* zu verändern: vom *Begriffs*fundament her, auf dem die rechtlichen und wirtschaftlichen Verhältnisse errichtet werden; vom zwischenmenschlichen *Beziehungs*fundament her, dessen Tragfähigkeit davon abhängt, wie der Mensch über den Menschen denkt. Es geht nicht um Friedensappelle, sondern darum, den sozialen Organismus als ein gestaltbares und der Gestaltung bedürftiges Beziehungsgefüge zu begreifen, innerhalb dessen alles mit allem fein vernetzt ist,[12] auch und gerade in Hinsicht auf die Gesundheitsfrage. Gesundheitspflege, Prophylaxe, therapeutische Maßnahmen von A bis Z – das bleibt alles Fassadenverschönerung, solange die Beziehungen krank sind, von der Keimzelle der unmittelbaren Ich-Du-Beziehung bis zu den großen gesellschaftlichen Beziehungsfeldern.[13] Aus diesem Grund betone ich immer wieder (und mache mir damit auch Feinde), dass im medizinisch-therapeutischen, sozialpflegerischen und pädagogischen Sektor grundsätzlich erstens das anthropologische Leitbild (kann ein Mensch «gestört» oder «beschädigt» sein – wer entscheidet das?), mithin das Verhältnis von Mensch zu Mensch, und zweitens die gesamtgesellschaftliche Frage im Zusammenhang mit therapeutischen und pädagogischen Zielsetzungen (Anpassung oder Ermutigung zum Aufbegehren?) geklärt werden müssten.[14] Das ist aber nur das eine.

Kreativität und Menschenarbeit

Das Zweite, was uns vor Augen stehen muss, ist in der eben aufgetauchten Formulierung «gestaltbares und der Gestaltung bedürftiges Beziehungsgefüge» schon enthalten. Hier kommt der Kreativitätsbegriff ins Spiel. Er kommt so ins Spiel, dass der Freiheitsaspekt des *Sich*-Gestaltens – die erwähnte Sehnsucht nach Selbstverwirklichung – mit dem beziehungskünstlerischen Impuls nicht nur nicht kollidiert, sondern in eins fällt. Ich will es an dieser Stelle in einer kristallinen Kurzform nur andeuten: Der Mensch ist Welt(mit)gestalter, insofern er *sich in die Welt hineingestaltet*, und die eigentliche Werkstatt des Sich-in-die-Welt-Hineingestaltens ist das zwischenmenschliche Beziehungsfeld.

Fast jeder hat schon einmal vom «erweiterten Kunstbegriff» des vor einigen Jahren verstorbenen «Harlekins» Joseph Beuys gehört. Es macht nichts, dass viele Leute keine andere Möglichkeit sahen, ihm ihre Sympathie zu bekunden, als sein Wirken harlekiniadisch aufzufassen; ich denke, er war sich der großen Ehre bewusst, die es bedeutet, mit Till Eulenspiegel in einem Atemzug genannt zu werden. Immerhin: Beuys gilt als einer der wichtigsten Künstler des 20. Jahrhunderts, wenngleich zu befürchten steht, dass er gewissermaßen zu Tode respektiert wird, indem man die *Dinge*, die er zurückgelassen hat, aus dem Gesamtzusammenhang seines Lebenswerkes herausreißt und museal endlagert als gewöhnliche «Kunstgegenstände», während der Ideenbildner, der er war, in Vergessenheit gerät.[15] Wer aber seinen Denkwegen folgt, lernt unter anderem erkennen und begründen, dass der heutige Mensch durch nichts so sehr verletzt wird wie durch das Ausgeliefertsein an soziale Verhältnisse, in denen er sein kreatives Potenzial, sein bildnerisches Vermögen, seine schöpferischen Ressourcen, mit einem Wort: *sich selbst* verkümmern lassen muss. Wobei zu bedenken ist, dass Freizeit-malerei, Hausmusik oder Eurythmie am Arbeitsplatz zwar sehr schöne Gepflogenheiten sind, die einen gewissen seelenhygieni-schen Ausgleich schaffen können, aber für sich genommen nichts am Kernproblem ändern, nämlich daran, dass die meisten Menschen unter dem deprimierenden Eindruck stehen, ihre Sehnsucht nach sozialer Zugehörigkeit als *unentbehrliche Mit-wirkende* an einem komplexen (Beziehungs-)Kunstwerk, das *eine Zukunfts-Sinn-Perspektive auf etwas Übergeordnetes und doch Urvertrautes hin* («soziale Plastik») eröffnen würde, laufe ins Leere.[16]

Dass diese Sehnsucht der Ursprung aller partiellen, auf das eine oder andere Naheliegende gerichteten Sehnsüchte oder Be-gehrlichkeiten ist und dass es sich dabei nur um die Betrachtung des menschlichen Liebewesens unter dem Kreativitätsaspekt handelt, wird im weiteren Verlauf unserer Überlegungen noch deutlicher werden. Der erweiterte Kunstbegriff zeigt, dass *jeder Mensch ein Künstler ist* und die Gestaltungsrichtlinien für men-schengemäße Verhältnisse aus diesem anthropologischen Fak-tum abgeleitet werden müssen. Das ist sehr vereinfacht ausge-drückt, aber es trifft doch den Kern der Sache. Beuys hat in der Tat das humanistische Denken auf eine neue Stufe gehoben, indem bei ihm das Künstlermenschentum nicht mehr als schwärmerische Zukunftsvision, sondern als schlichte Gege-benheit erscheint: Jeder Mensch *ist* ein Künstler – und hat ein Anrecht darauf, als ein solcher respektiert zu werden.

Eine humane Gesellschaft wird also daran zu erkennen sein, dass sich in ihr jeder Einzelne nach Maßgabe seiner individuel-len Einsichten und Fähigkeiten als *(Mit-)Gestalter* einbezogen und gewürdigt fühlen kann, indem er das tut, was zu tun ihm sein Engel rät, also was er wirklich will.[17] Man erspare mir das ausgeleierte Argument, dann würde es keine Müllmänner mehr geben! Wir können davon ausgehen, dass die Engel nicht unbedingt unsere grobschlächtigen, von ganz unbegründeten Eitelkeiten verzerrten Maßstäbe in Bezug auf Wert und Bedeutung menschlicher Tätigkeiten teilen.[18]

Am besten lassen wir uns diesbezüglich von *Kindern* belehren, die noch ein ganz unvoreingenommenes Verhältnis zur Arbeitswelt haben und, wie man weiß, Bauarbeiter, Müllmänner oder Verkäuferinnen mindestens ebenso sehr bewundern wie Rechtsanwälte, Manager oder Architekten. Was hat es mit dieser Bewunderung auf sich? Die so genannten anspruchsvollen Berufe übersteigen keineswegs das Fassungsvermögen der Kinder, wenn man sie ihnen richtig erklärt. Ein Siebenjähriger versteht genau, dass Rechtsanwälte Angeklagte davor schützen, unschuldig verurteilt zu werden, und er wird es auch nicht an Respekt fehlen lassen für diese nützliche Tätigkeit. Nur nötigt ihm ein Advokat durchaus nicht *mehr* Respekt ab als etwa die beherzt zupackenden Männer von der Müllabfuhr, die sich so genial hinten auf das Trittbrett des Müllautos schwingen, ein Stück fahren, abspringen, ruck zuck die Tonnen leeren, wieder aufspringen … ach, wenn man da einmal mitmachen dürfte! Der Arbeitsablauf hat klare Konturen. Er wirkt zuverlässig, unprätentiös, kurz entschlossen. Durch die eingeübten, gleichförmig sich wiederholenden Handgriffe und Bewegungen mutet er irgendwie rituell an und erweckt einen unmittelbaren Eindruck von Kompetenz. Das Team ist eingespielt, Sinn und Nutzen des Tuns sind klar, es gibt kein Zögern, Zaudern, Stocken. Wenn die Männer fertig sind, wissen sie, was sie geleistet haben und wofür es gut war. Gerade in dieser Einfachheit liegt die Würde. Dafür haben Kinder noch einen ganz unverfälschten Sinn, der erst nach und nach von den verschrobenen Werturteilen einer Erwachsenenwelt überlagert wird, in der man sich angewöhnt hat, auf alles dasjenige geringschätzig hinzublicken, was ich jetzt einmal als «Basisarbeit» bezeichnen möchte.

Dem negativen Image entsprechend sind natürlich auch die Arbeits*bedingungen* einschließlich Vergütung unzumutbar. Zweifellos gibt es unwürdige Arbeitsplätze noch und noch! Aber das ist im Augenblick nicht unser Thema. Wir erörtern jetzt vielmehr die Frage, ob es in einer Gesellschaft, in der jeder die Möglichkeit hätte – dem Rat seines biografisch Regie führenden «höheren Gewissens» (eine etwas kompliziertere Formulierung für Engelwirken) folgend – zu tun, was er *wirklich wollte*, keine freiwilligen Basisarbeiter mehr gäbe. Um diese Frage nicht zu verwirren, unterstellen wir einmal, Basisarbeit genösse in der imaginierten Zukunftsgesellschaft *hohes* Ansehen, sodass die Rahmenbedingungen annehmbar wären.[19] Ich habe über Jahre hin – zumeist mit großem persönlichem Gewinn – die verschiedensten so genannten niedrigen Arbeiten verrichtet. Dabei lernte ich den Unterschied kennen zwischen solchen Teams, in denen es freundschaftlich zuging und die Hilfskräfte in organisatorische, inhaltliche und soziale Beratungsprozesse einbezogen wurden, und anderen, in denen die Hierarchie gnadenlos war und die Hilfskräfte ständig zu spüren bekamen, dass man sie für inkompetent und jederzeit austauschbar hielt. Ich traf auf dieser Reise durch gesellschaftlich gering geschätzte Tätigkeitsgebiete überall dort, wo ein kollegiales Klima herrschte, Menschen, die mit Freude und Überzeugung ihre «minderqualifizierten» Aufgaben erfüllten und eine Art von Genugtuung dabei empfanden, die genau den Qualitäten entsprach, von denen Kinder beeindruckt sind, wenn sie Müllmännern, Verkäuferinnen, Straßenkehrern, Serviererinnen oder Kranführern zusehen. Auch ich selbst empfand diese Genugtuung oft, und sie war nicht geringer als diejenige, die mich heute erfüllt, wenn ich zum Beispiel ein Buch fertig gestellt habe. Mit Herz und Hand sich dort einzusetzen, wo die gesellschaftlichen Lebensgrundlagen gesichert werden, gleichsam den Boden zu bestellen für diejenigen, deren Interesse mehr dem Überschauenden, Entwerfenden, Zukünftigen gilt, kann – wenn man teilhaben darf an diesem Überschauen und Entwerfen! – sehr wohl etwas sein, wozu der Engel rät, was ein Mensch also *wirklich will!*

Mancher wird jetzt vielleicht einwenden: Ja, wenn man so etwas ein paar Jahre lang macht und weiß, das wird auch wieder ein Ende haben, dann liegt der Fall anders, als wenn jemand zeitlebens Basisarbeiten verzichten muss. – Das ist allerdings wahr. Es gibt zwar Menschen, die *gern* ihr Leben lang routiniert und gründlich etwas ganz Einfaches tun, und es wäre eine Frechheit, deshalb auf sie herabzublicken; aber in vielen Fällen liegt doch eine Tragik darin, dass die Leute nicht mehr herauskommen aus bestimmten einseitigen Lebens- und Arbeitssituationen; dass ihr Bedürfnis nach Erweiterung des Erfahrungs- und Bildungshorizontes (praktisch, sozial, geistig) unerfüllt bleibt, weil die Rolle, die sie übernommen haben, ihnen zum Verhängnis und Gefängnis geworden ist. Wobei dieses Problem bei «Kopfarbeitern» ebenso anzutreffen ist wie bei «Handarbeitern», beim ewigen Arzt oder Juristen nicht weniger als beim ewigen Straßenbauarbeiter oder Tellerwäscher.

Hier stehen wir vor einer eminent wichtigen gesellschaftlichen Gestaltungsherausforderung. Wenn es gelingt, den Verhältnissen eine Entwicklungsrichtung auf die soziale Skulptur hin zu geben, werden nicht nur die Basisarbeitsfelder ein wesentlich höheres Ansehen genießen und die dort Tätigen ihre Rolle im Funktionszusammenhang der arbeitsteiligen Gesellschaft sachgemäß auffassen und selbstbewusst ergreifen können – da liegen viele Möglichkeiten brach, man denke nur an den Zufluss innovativer Ideen «von unten» oder an die mesosoziale Rechtssphäre[20] –, sondern man wird auch Mittel und Wege finden, den Menschen die Wanderschaft durch verschiedene Aufgabengebiete, das Hineinwachsen in verantwortlichere Positionen zu ermöglichen.

Exkurs

Was das menschliche Liebewesen, dessen Auf-Bruch (nicht Ursprung!) wir im Eros der frühen Jugendzeit finden, mit dem Arbeitsleben beziehungsweise mit arbeitsrechtlichen Aspekten der Sozialethik zu tun hat – ich erinnere an Beuys' «Honigpumpe am Arbeitsplatz» (Dokumenta 1977) –, ist möglicherweise nicht auf den ersten Blick plausibel. Immerhin dürfte Einigkeit darüber bestehen, dass die im Eros (wie ich ihn in Teil III als «neuen Eros» beschreibe) vereinte und entwicklungsdynamisch aus ihm entspringende zweiströmige Sehnsucht nach Freiheit und Liebe – die *Sehnsucht an sich* – geringe Aussichten hat, biografisch richtungsweisend zu wirken, wenn die Tätigkeiten, für die wir beruflich etwa die Hälfte oder zwei Drittel unserer wachen Lebenszeit aufwenden und von denen wir existenziell abhängig sind, dieser Sehnsucht zuwider laufen; wenn wir also von diesen Tätigkeiten nicht aufgerufen sind als kreativ Vermögende – die kreative Tat ist die *in Liebe ausgeführte, also freie Tat* –, sondern sie nur zwangsweise ausführen als *auf Entlohnung Angewiesene*. Der universellen, umfassenden Wunsch-Kraft des Eros ist nicht Genüge getan, wenn sie als Begleitmusik zum *weekend-feeling* erklingt, und auch nicht dann, wenn sie in Sternstunden inniger Zweisamkeit wie eine Erinnerung an etwas längst Verlorenes aufscheint.

«*Totum relucet in omnibus* (Nikolaus Cusanus), in allem strahlt das Ganze wider. Auf den Menschen angewendet bedeutet dies: Der Mensch ist nicht nur auf das Ganze hin passiv orientiert, und er spiegelt es nicht nur universell ab, er erfasst es vielmehr schöpferisch als Mikrokosmos und … bringt es zum Glänzen. Der Mensch reflektiert das Ganze nicht nur, er steht in schöpferischer Beziehung zu ihm. Das *totum* … ist ihm nicht einfachhin ein *Gegebenes*, das nur nachgedacht, gespiegelt werden müsste, es ist vielmehr etwas *Aufgegebenes*, das durch ihn widerstrahlt. Kurzum: Das Ganze ist nichts Vorgegebenes, sondern ein erst zu Leistendes. Gerade der Mensch erkennt in seinem Schöpfertum und an ihm, an seinen ‹Werken›, dass das Ganze ... erst eines ... *werden* soll. – (So) kommt Bewegung ... in die menschlichen Verhältnisse. Die schöpferische Veränderung, die Spontaneität des Schaffens, die verantwortliche Tat werden als die große Aufgabe des Menschen entdeckt und ergriffen, ... der Mensch (erfasst) die *schöpferische* Verwirklichung des Menschenmöglichen als seine Aufgabe» (Richard Wisser). Wisser charakterisiert im Rahmen seiner «kritisch-krisischen Anthropologie» das in jedem Menschen widerstrahlende und doch erst hervorzubringende «Ganze», Cusanus folgend, als das mit «Menschsein» gleichzusetzende «All»: die transzendente (oder transpersonale) Perspektive als *Handlungs*perspektive, den «schöpferische(n) Prozess, der im Menschen begründet ist (und) kein anderes Ziel (hat) als wiederum das Menschsein». Wir kommen zum Bewusstsein unserer Bezogenheit auf das *totum* – verstanden als Reziprozität des *Werdens* von Mensch und Welt (Evolution) - «in» und «an» unseren «Werken», und das heißt genau genommen: als Mitwirkende in der *nicht entfremdeten,* idealiter als Feld des freien Fähigkeiteneinsatzes gedachten *Arbeitswelt,* die ich – mit Seitenblick auf Beuys – gelegentlich «sozialplastischen Werkzusammenhang» nenne.

Die scheinbar «nur» politische Forderung nach Befreiung der Arbeit läuft also auf die ganz und gar nicht politische Frage nach dem *Sinn des Lebens* hinaus. (Die englische Sprache kommt uns da mehr entgegen als die deutsche: *work* heißt «Arbeit», aber auch «Werk», sodass *be out of work* nicht nur «arbeitslos» bedeutet, sondern, wörtlich genommen, auch übersetzt werden könnte als «aus dem Werk herausgefallen, ohne Werk, nichts bewirkend».) Der Begriff des *zu leistenden, zum Glänzen zu bringenden «Ganzen»,* wie ihn Wisser verwendet, verweist in der individuellen Blickrichtung auf den «Men-

SCHEN jenseits des Menschen» beziehungsweise die «MENSCH-Imagination» (vgl. die gleichlautenden Kapitel in Teil II und III), in der gesellschaftlichen Blickrichtung auf die Soziale Skulptur oder *Imagination des «Menschenmöglichen» im Zwischen-uns*. Wenn Viktor E. Frankl vom «Angefordert- und Inanspruchgenommensein durch einen Sinn» spricht, ist auch hier die Rede von der An-wesenheit und gleichzeitigen Nichtgegebenheit des *Aufgegebenen*. Die Paradoxie des Sinn-Problems besteht darin, dass wir uns, sinnhaft, das heißt schöpferisch handelnd, als Ausführende des selbst erteilten *utopischen* Auftrages MENSCH empfinden, der aber nur von jemandem erteilt werden kann, der ihn im Augenblick des Erteilens schon erfüllt hat; ich muss des MENSCHEN *inne sein*, um ihn mir aufzutragen. Das heißt nichts anderes, als dass ich *(In-dividuum)* zwiefältig bin, ein unteilbares geteiltes Wesen, ein unauflöslicher schöpferischer Widerspruch: der Gewordene und der aus der Zukunft in die Gewordenheit Einstrahlende. An und in den «Werken» – die sich, wie wir sehen werden, ins Reine gedacht *immer* in der *Du-Bezogenheit* ereignen – sind beide *wachsam* vereint, nicht aber in der Selbstreflexion (da sind sie entzweit), nicht in der Traumverlorenheit, da sind sie ohne Zukunftsbezug und Überschau vorbewusst verschmolzen, was aber nicht der *Sinn* sein kann, weil erst der Abschied von dieser Befindlichkeit, nämlich der Eintritt in das *bewusste Werden* – Biografie – die Sinnfrage überhaupt aufwirft; es ist vielleicht verlockend, gibt aber keinen *Sinn*, zurückzukehren in den Zustand *vor* der *Be-Sinnung* (vgl. dazu auch Teil III, Kap. Individuationsumkehr).

Die «schöpferische Verwirklichung des Menschenmöglichen» im Zwischen-uns bzw. «der im Menschen begründete schöpferische Prozess, der kein anderes Ziel hat als wiederum das Menschsein» *(füreinander)* – die Soziale Skulptur –, das ist die moderne, schon bei Cusanus angelegte Gestalt der zeitlosen philosophischen Maxime, «zum All erkennend vorzudringen – das All in sich zu enthalten» (Cusanus). Sie kann heute nur

fruchtbar sein, indem sie als *sozialethische Maxime* wiederer-
steht und aus dem «All»-Begriff sich der Begriff des MENSCHEN,
die «MENSCH-Imagination» herausschält, die mir zuteil wird *allein* in der Du-Gerichtetheit. Wann immer der Wunsch, einen
Anderen oder *die Anderen* zu beschenken, das bestimmende
Motiv meines Handelns ist (vgl. Teil III, «Das Prinzip Schenken»), dringe ich erkennend zum MENSCHEN vor kraft der
MENSCH-haltigkeit meines Wollens. Ich gewinne die Ein-Sich-
ten in die Kunst des sozialen Bauens bzw. zwischenmenschlichen Gestaltens, die ich brauche, um den durch Entlohnung
nicht ausdrückbaren, *eigentlichen* Wert meiner Werke, ihren
Bezug zum «Ganzen» zu verstehen. Damit ist eine, wenn nicht
die konkrete gesellschaftliche Gestaltungsaufgabe der Zukunft
berührt.

Rudolf Steiners Vorschlag, Einkommen und Arbeit zu ent-
koppeln, also die Lohnarbeit zu überwinden zugunsten eines
Procedere der finanziellen Freistellung der Arbeitenden dafür,
dass sie ihre Fähigkeiten der Allgemeinheit zur Verfügung stellen, also *schenken* könnten, zielt auf nichts anderes ab als auf die
Herstellung von gesellschaftlichen Rahmenbedingungen, in denen *be out of work* weder im direkten noch im übertragenen
Sinne irgendeinem Menschen zum Schicksal werden müsste,
der den Wunsch verspürte, beizutragen zum «Ganzen», also *für
andere* sich einzubringen; und diesen Wunsch, den jeder in sich
trägt, wird umso deutlicher verspüren, wer nicht in der Be-
wusstseinsfalle gefangen sitzt, Arbeit sei *bezahlbar*. Das ist ein
historischer Irrtum oder zumindest ein längst überholtes Konzept. Arbeit ist das, was einer für die anderen tut, um sie mit
dem zu versorgen, was ihnen zusteht.

Der oben erwähnte Eintritt in das bewusste biografische Werden – die Stunde der *Be-Sinnung*, des *Erglänzens* des «Ganzen»
in der Sinnfrage und damit in der Frage nach den *aufgegebenen
Werken* für das große Werk, verbunden mit der Bangigkeit
angesichts des möglichen Scheiterns oder Sich-Verirrens im

Unwesentlichen – muss zeitlebens immer wieder aufs Neue vollzogen werden; aber *erstmals und urbildlich* wird er vollzogen in der Übergangszeit unmittelbar vor der Geschlechtsreife, und zwar so, dass sich aus der unvermutet und aufwühlend hereinbrechenden «Weltkraft» (Hans Tellenbach) des Eros jener *Wunsch zu schenken* geradezu gebieterisch erhebt und mit einer solchen Innigkeit auf den einen oder anderen, zum Stellvertreter des MENSCHEN erkorenen leibhaftigen Menschen richtet, dass sich jählings die Skala der Wichtigkeiten auf eine völlig welt-fremde, nämlich weit in ein Zukünftiges vorausahnende Weise verschiebt.

Das heranwachsende Mädchen, erfüllt von Zärtlichkeit für einen vielleicht nichtsahnenden, geheimen Freund, würde, wenn es ausdrücken könnte, was es fühlt, etwa sagen: Alles wäre für immer gut, wenn das, was ich zu geben habe, *ihm* helfen könnte, so zu werden, wie ich ihn sehe. Ich sehe, was er nicht zu sehen vermag, nämlich wie er *wirklich* ist, und ich bin dazu da, es ihn sehen zu lehren … – Nicht wenige übrigens *können* diese Art von Gefühlen ausdrücken und tun es: adressiert zum Beispiel an das «liebe Tagebuch». Hier spricht die *Sehnsucht an sich*, die später – dann freilich welterfahrener und gelassener – immer wieder sprechen wird, wenn das Ziel dessen, was jemand aus der schöpferischen Anlage seines Menschseins will und diesem Wollen folgend tut, «wiederum das Menschsein» ist; wenn nämlich im weitesten Sinne als das *Aufgegebene* empfunden und bejaht wird die Mitwirkung am Bau «einer Welt, wie sie die Welt noch nicht gesehen hat» (Rudi Dutschke), einer Welt, in der dieselbe Wärmequalität, die in die Jugendseele einströmt und ihr das Du-sinnige Vermögen verleiht (vgl. Teil II, «Für Dich»), als *soziales Zirkulationswesen* wirken würde.

Was mit der MENSCH-Imagination von Angesicht zu Angesicht in der *Be-Sinnungs*-Phase des Abschieds von der Kindheit beginnt, kann münden in das Bewusstsein der *zu leistenden* Menschwerdung auf die Gesellschaft mit dem Antlitz des

MENSCHEN hin. Und diese Gesellschaft wiederum ist kein Wolkenkuckucksheim, sondern eine konkrete Utopie, deren schrittweise Verwirklichung voraussetzt, dass «die Kreativitätsfrage, die Freiheitsfrage (als) Frage einer wirklich freien Wirtschaft (und) Notwendigkeit einer neuen Geldordnung» (Beuys) begriffen wird, mithin als Frage der Erlösung der Arbeit aus monetären und bürokratischen Zwängen. Der Wärmewille, der uns motiviert zu menschengemäßen Gestaltungen im «Zwischen-uns» (im Kleinen wie im Großen) ist substanziell derselbe, der in der «Minne»-Stimmung der Vor- und Frühpubertät auflebt, noch nicht vom Denken ergriffen, scheu und staunend, den großen idealischen Entwürfen abhold, ganz hingegeben an das Ereignis des Gewahrwerdens dessen, «was Gott mit MENSCH gemeint hat», im Antlitz des Anderen.

Die Kündigung des «contrat social»

Ich glaube, dass man nicht wird umhin können, von der Generalverteufelung aller sozialistischen Ideen wieder Abstand zu nehmen und zum Beispiel darüber nachzudenken, ob es nicht doch etwas für sich hätte, wenn alle «Höhergestellten» beziehungsweise in «höhere» Positionen Strebenden zu gewissen Zeiten dort mit Hand anlegen würden, wo ihnen der Rücken freigehalten wird, einfach anständigkeitshalber! Aber auch, um den Kontakt zur Basis nicht zu verlieren. Es ist eine alte, unverändert gültige Weisheit, dass sich der Kapitän auch im Maschinenraum auskennen sollte. Das Problem liegt ja nicht in der Tatsache als solcher, dass Basisarbeiten verrichtet werden müssen; es kann im Prinzip sogar sehr persönlichkeitsbildend sein, sie zu verrichten. Das Problem ist vielmehr, dass diese Arbeiten einen ganz unangemessen schlechten Leumund haben und in entsprechend stupiden Formen verlaufen und dass sie – mangels Flexibilität und Solidarität – an vielen Menschen, für die ihre Engel noch einiges mehr vorgesehen hatten, zeitlebens hängen bleiben. Die vermeintlich «niedrigen» Arbeiten werden nicht nur einen ganz anderen Charakter haben als heute, wenn «das Freiheitswesen in die aktuelle Gestaltung hineinleuchtet» (Ulrich Rösch), sondern man kann sich auch eine gerechtere Aufteilung dieser Arbeiten vorstellen, zumal ja die fortschreitende Automatisierung viele von ihnen überflüssig machen und die verbleibenden erleichtern wird.

Nicht nur die Beseitigung der Arbeitslosigkeit – oder besser gesagt: des absurden Zustandes, dass Millionen, die sich gern nützlich machen wollen, keine Möglichkeit finden, dies zu tun –, sondern auch die Humanisierung der Arbeitswelt steht ganz oben auf der Dringlichkeitsliste der näheren Zukunft, auch wenn uns neuerdings dauernd eingehämmert wird, wir seien diesbezüglich geradezu in eine volkswirtschaftlich ruinöse *Humanitätsduselei* verfallen. Das ist nichts weiter als wohlüberlegt verbreiteter Unsinn vonseiten derer, die ein leicht durchschaubares Interesse an solchem Unsinn haben. Es geht darum, die soziale Frage in ihrer menschenrechtlichen Dimension («freie Entfaltung der Persönlichkeit») zu erfassen, und wenn man das tut, zeigt sich als ein aus der Sache heraus gebotener Schritt zum Beispiel die Weiterentwicklung des arbeitsteiligen Prinzips in die beschriebene Richtung. Das ist selbstverständlich eine gewaltige Utopie! Man muss ja heute aufpassen, dass man sich nicht unter Entschuldigungszwang gestellt fühlt, wenn man das Allermenschlichste tut, nämlich Ausflüge in die Zukunft unternimmt, um des MENSCHEN gewahr zu werden.

Die Frage des Sich-Zubewegens auf humane gesellschaftliche Verhältnisse, in denen das Künstlermenschentum als anthropologisches Faktum genauso berücksichtigt wäre, wie man heute den Egoismus berücksichtigt, stellt sich als Bewusstseinsfrage, Beziehungsfrage und Organisationsfrage in einem. Auf der Grundlage einer von materialistischen Vorurteilen entrümpelten Psychologie, die den Primat des Geistes und somit die Freiheits- und Liebessehnsucht (nicht die Triebabstillung) als primären Motivationsfaktor (an-)erkennt, muss eine neue Beziehungs-Ethik (E. Schiffer nennt sie – sehr nahe an R. Steiners «ethischem Individualismus», dem für mich maßgeblichen freiheitsphilosophischen Entwurf – «solidarischen Individualismus») entwickelt und von zwei Seiten her im sozialen Leben wirksam werden: erstens als eine allmählich sich ausbreitende Qualität des «Interesses von Mensch zu Mensch», welches «der Grundnerv allen sozialen Lebens» (Steiner[21]) und zugleich die Voraussetzung für praktische Solidarität ist, zweitens als maßgebliches Kriterium für arbeitsrechtliche, eigentumsrechtliche, sozialrechtliche und natürlich auch bildungs- und kulturpolitische Gestaltungen.

Diese dreifache Frage wird sich paradoxerweise nur durch eben die kreativen Kräfte lösen lassen, auf deren *Er*lösung der Krafteinsatz gerichtet ist. Mit anderen Worten: Es müssen sich genügend viele Menschen aus den Verhältnissen, in denen ihr schöpferisches Potenzial paralysiert ist, herausreißen, um diese Verhältnisse so umzuwandeln, dass sozialkünstlerisches Wirken *in* ihnen und über sie hinaus, nämlich zukunftsgerichtet, möglich wird. Dann erst wäre der für die heutige Scheinfreiheit und Scheindemokratie – Beuys: «Komplizenschaft der Macht des Geldes und der Macht des Staates» – charakteristische Grundwiderspruch überwunden, welcher eben darin besteht, dass diejenigen, die sich für soziale Gestaltungen im Zeichen des MENSCHEN einsetzen wollen, den Weg der Antisozialität, das heißt der Aufkündigung der inneren Mitgliedschaft im con-trat social, einschlagen müssen.[22] Dieses Sich-Herausreißen findet auf der Ebene der Begriffsbildung statt: Das Denken emanzipiert sich von den untauglichen Begriffen, in denen sich doch nur die kranken Verhältnisse widerspiegeln, um zu verstehen, was sich aus den Untergründen des gesellschaftlichen Lebens und dem Wesen des Menschen zur sozialen Skulptur hin entwickeln will.

Abwesenheit von Leid?

Die Seelenkräfte, mit denen bei diesem Emanzipationsbestreben gerechnet werden muss und auf die gehofft werden kann, von der Seite einer spirituellen Entwicklungspsychologie her zu betrachten ist das Anliegen dieser Schrift. Wir müssen zum einen über das zwischenmenschliche Beziehungsfeld, das Ich-Du-Ereignis sprechen, über den, ich möchte fast sagen verfemten Bereich der Zärtlichkeit, dem ja heute, wenn er nicht heillos eingekitscht wird, offener Spott entgegenschlägt; wir müssen zweitens sprechen über den schwer misshandelten Begriff der Kreativität; und über ein Drittes, was Kreativität und Zärtlichkeit verbindet, wird zu sprechen sein. Nennen wir dieses Dritte, dem wir nachspüren wollen, *Eros*. Das heißt nicht etwa Beischlaf – das sexuelle Verlangen ist wohl kaum der Ursprung menschlicher Kreativität und der Kern des Ich-Du-Ereignisses; *dieses* Gerücht wird heute hoffentlich niemand mehr ernsthaft verbreiten wollen –, sondern der originale philosophische Begriff des *Eros* meint erstens die geistig-seelische Liebe im Grenzbereich zur sinnlichen Anziehung, zweitens den Drang nach Erkenntnis und schöpferischer Tätigkeit.[23]

Ich behaupte und versuche zu begründen, dass die Quelle der Kreativität dieselbe ist, aus der auch die Liebefähigkeit erfließt; dass Kreativität und Zärtlichkeit zwei Erscheinungsformen ein und derselben Hoffnungs- oder Sehnsuchts-Substanz sind. Man störe sich nicht an dem Wort «Substanz». Denn korrekt übersetzt heißt das etwa: unwandelbares, bleibendes Wesen, das einer Erscheinung zugrunde liegt. Zu der Quelle oder Substanz, um die es hier geht, verlieren wir in der gegenwärtigen Zeit mehr und mehr die Verbindung, sie wird uns fremd, und es ist eine sehr ernste, den Gesundheitszustand des einzelnen Menschen und der ganzen Gesellschaft betreffende Frage, die gar nicht oft genug gestellt werden kann, welche Möglichkeiten wir haben – und seien es nur ganz kleine –, dem Entfremdungsprozess entgegenzuwirken. Der erste Schritt, das liegt auf der Hand, ist ein Erkenntnisschritt: Wir müssen nach dem, was uns da zunehmend abhanden kommt, forschen, also durch aufmerksame seelische Selbstbeobachtung zu einer *Anschauung* dieser Kräfte bzw. Qualitäten gelangen, die wir ja alle in uns tragen, obwohl wir oft nicht wissen, wo sie eigentlich geblieben sind und wie wir an sie herankommen sollen. Gleichwohl können wir sie *erinnernd* heraufholen, wenn wir uns Mühe geben.

Wenden wir uns an dieser Stelle noch einmal zurück zum Gesundheitsbegriff, der ja nun schon mehrfach aufgetaucht ist. Auch hier ist ein Erkenntnisschritt nötig. Gesund und krank in der landläufigen Bedeutung – das sind verbrauchte Redensarten, die einer gründlichen Überprüfung bedürfen. Warum bedürfen sie einer gründlichen Überprüfung? Ein ganz wesentlicher Punkt ist der, dass man heute Gesundheit automatisch mit *Leidensfreiheit* gleichsetzt: *Abwesenheit von Leid*. Und weil da *Konflikte* – gleich welcher Art – notgedrungen eine gewisse Leidenskomponente haben, ist der Anspruch auf Leidensfreiheit immer auch ein Anspruch auf Konfliktfreiheit. Man definiert Gesundheit reflexartig als den Zustand, in dem man kein Leid mehr ertragen und keine Konflikte mehr bewältigen müsste. Also wäre gesundheitshalber alles dasjenige zu begrüßen, was sich eignen würde, Leid und Konflikte von den Menschen und leid- und konfliktbehaftete Menschen von der Menschheit abzuwenden. Somit gälten die Gleichungen: 1) Individuelle Gesundheit = Abwesenheit von Leid und Konflikten; 2) Volksgesundheit = Abwesenheit von leid- und konfliktbehafteten Individuen.

Verfolgt man diese Spur weiter, drängt sich früher oder später die Überlegung auf, ob es nicht eigentlich ethisch gerechtfertigt, ja geboten wäre, Leidensveranlagungen und Konfliktpotenziale so früh wie möglich, also idealiter schon im Vorgeburtlichen, ausfindig zu machen beziehungsweise zu prognostizieren und entweder korrigierend einzugreifen oder, falls keine Korrektur möglich ist, das absehbar leidbehaftete Leben gar nicht erst zuzulassen, angeblich aus vorauseilenden Mitleidserwägungen, in Wahrheit doch wohl eher aus vorgeblich sozialhygienischen Gründen, die sich bei genauerem Hinsehen als überwiegend bilanzbuchhalterische erweisen: Wäre allgemeine Konflikt- und Leidensfreiheit nicht unerhört kostensparend? Der ganze Sozial-, Heil-, Beratungs- und Pflegeaufwand entfiele!

Bestrebungen in diese Richtung sind heute gar nichts Ungewöhnliches mehr. Da zeichnet sich eine wahrhaft gespenstische kulturgeschichtliche Regression ab, ein Rückfall vor den epochalen Qualitätssprung zur Idee des Gesellschaftsvertrags der gegenseitigen Hilfe. Dieser folgt dem Grundgedanken, die Schwachen und Leidenden in die Mitte zu nehmen und die Grenzen des Wohlstands dort zu ziehen, wo bedürftigen Einzelnen oder Minderheiten der Beistand versagt werden müsste. Das heißt: Eine Gesellschaft befindet sich sozialethisch nur dann auf der Höhe der Zeit, wenn sie ihre Verantwortung für die Schwachen als unverrückbare Größe setzt, die im Zweifelsfall Priorität vor allen anderen Interessen und Bestrebungen hat. Stattdessen wächst heute – nachdem man eine Zeit lang den Eindruck haben konnte, dieses Ideal beginne sich in der Breite durchzusetzen – scheinbar unaufhaltsam die Ausstrahlungskraft des destruktiven Ideals, alles dasjenige schon im Ansatz zu eliminieren, was «der Allgemeinheit zur Last fallen», nämlich sie auf ihre solidarische Selbstverpflichtung verweisen würde. Dieses «Säuberungs»-Prinzip wird humanistisch verkleidet – es sei unbarmherzig, hoch wahrscheinliche Leidenswege *nicht* abzusperren – und ist daher nicht auf den ersten Blick als Aufkündigung der bislang immerhin theoretisch gültigen sozialethischen Übereinkunft erkennbar.

Das Komplementärgesetz

Um den regressiven und tendenziell re*pressiven* Charakter dieser Entwicklung[24] kenntlich zu machen und ihr Einhalt zu gebieten, muss zunächst ein *menschengemäßer* Gesundheitsbegriff an die Stelle des heute üblichen treten. Letzterer ist nicht menschen-, sondern maschinengemäß, nämlich am Leitbild des störungsfrei funktionierenden *Geräts* orientiert: Absehbar störanfällige Geräte nimmt man vernünftigerweise gar nicht erst in Betrieb. Es ist unerlässlich, dass wir uns, bevor wir über Liebe und Freiheit, Zärtlichkeit und Kreativität sprechen, über diesen Punkt verständigen. Ist Gesundheit wirklich Konflikt- und Leidensfreiheit?

«Wo viel Licht ist», lautet ein geflügeltes Wort, «da ist auch viel Schatten.» Etwas genauer betrachtet, heißt das: Insoweit der Mensch als wahrnehmendes Wesen den Gesetzen der physisch-materiellen Welt unterliegt – oder anders ausgedrückt: insoweit sein Seelenleben leibgebunden ist –, bewegt er sich in Kontrasten.[25] Dadurch, dass wir uns orientieren müssen zwischen ja und nein, hier und dort, Vergangenheit und Zukunft, oben und unten, innen und außen, hell und dunkel und so weiter, sind wir urteils- und differenzierungsfähig. Zwischen Gegensätzen, die unvereinbar und zugleich untrennbar sind – was hell ist, kann nicht dunkel sein, aber hell wäre ohne dunkel nichts –, faltet sich das menschliche Seelenleben aus, wie sich die Welt der Farben zwischen Licht und Finsternis ausfaltet. Welchen Sinn die ganze Evolutionsprozedur auch immer hat – die Tatsache, dass wir uns fortwährend mit Widersprüchen auseinander zu setzen haben und als bewusst Seiende überall ins *radikale Dazwischen* gestellt und aufgerufen sind,

Beziehung zu schaffen und *Bewegung* zu erzeugen, hat gewiss viel mit dieser Sinnfrage zu tun.

Das im Weltzusammenhang sich orientierende selbsterkennende Bewusstsein unterliegt einem *Komplementärgesetz*, welches unter anderem besagt, dass wir eine Qualität nur dann verstehend erfassen können, wenn wir die jeweilige Komplementärqualität miterfassen und sozusagen als Folie unterlegen.[26] Mein Auffassungsvermögen für die Qualität «Licht» beruht darauf, dass ich «Finsternis» als das *auf der Gegenseite unsichtbar (verborgen) Anwesende* voraussetze. Schauen wir noch etwas genauer hin: Beim Hellwerden weicht die Finsternis zurück. Sie ist als Weltprinzip nicht einfach aufgehoben, wenn sie schwindet, sondern ihr Verhältnis zum Licht ändert sich. Dieser einfache Sachverhalt lässt sich auch so charakterisieren, dass die verborgen anwesende Komplementärqualität (Finsternis) eine *dienende*, nämlich *raumschaffende* Aufgabe für die erscheinende Qualität (Licht) erfüllt. Jene bildet gleichsam das Gefäß, in das diese (ihr Widerpart) einströmen kann. «Lichtung» heißt: Helligkeit, die sich der selbstlos gewordenen Finsternis verdankt.

Das sind keine Wortspielereien. Es handelt sich darum, vertraute Phänomene aufmerksamer, mit «exakter Fantasie» zu beobachten. Das Komplementärgesetz beschreibt nichts Statisches, sondern eine Dynamik der lebendigen Wechselbeziehung zwischen Widersprüchen, die, wie man sieht, nicht einfach symmetrisch nach zwei Seiten hin das Erfahrungsspektrum begrenzen, sondern in einem schöpferischen Spannungsverhältnis stehen und sowohl *konkurrieren* als auch *einander ermöglichen*. Das wollte ich in Erinnerung rufen mit Hinblick auf die Gesundheitsfrage. Die Definition von Gesundheit als Leidens- und Konfliktfreiheit muss nicht deshalb als «destruktives Ideal» bezeichnet werden, weil diejenigen, die sich ihr anschließen, böse Absichten hätten, sondern weil sie am Menschen vorbeigedacht ist. Und Ideale, die am Menschen vorbeigedacht sind, können in ihren Auswirkungen nicht anders als destruktiv sein.

Dafür liefert ja die neuere Geschichte genügend Beispiele. Zöge man – etwa als Quintessenz der psychoneuroimmunologischen Forschung – aus der Tatsache des Zusammenhanges zwischen seelischer Befindlichkeit und Krankheitsanfälligkeit den Schluss, die parallel zur Bekämpfung der Umweltverschmutzung notwendige Bekämpfung der Inweltverschmutzung habe sich gegen all diejenigen Seelenregungen und Gemütszustände zu richten, die uns mit dem *tragischen* (auf das *Scheitern* beziehungsweise den «biografischen Tod» bezogenen) Aspekt unseres Daseins konfrontieren, wäre dies in letzter Konsequenz gleichbedeutend mit der Abschaffung aller großen Gefühle; denn auch in der Seelenwelt schafft die Dunkelheit den Raum für das Licht. Auch hier gilt: Qualitäten wie Hoffnung, Freude oder liebevolles Einverständnis wären in ihrer wahren Bedeutung gar nicht fassbar, gar nicht *verstehbar* ohne den Hintergrund der entsprechenden Komplementärerfahrungen. Um ein anderes Bild zu gebrauchen: Wenn Resignation, Traurigkeit und Einsamkeit ihren «Eigenwillen» verlieren – was nichts anderes heißt, als dass der Mensch sie *gezähmt* hat im Sinne des Zähmungsbegriffs bei Saint-Exupéry[27] –, werden sie zur Projektionsfläche für Hoffnung, Freude und Zuneigungsgefühle. Das ist nun nicht so simpel zu verstehen, als müsse für jedes angenehme Gefühlchen der Preis eines entsprechend unangenehmen Gefühlchens entrichtet werden. Vielmehr lautet die allgemeine Schlussfolgerung aus dem Gesagten: Empfindungstiefe, Verstehenskraft und die Fähigkeit, in den herausgehobenen Stunden des Lebens wirklich als ganzer Mensch anwesend zu sein, sind Ergebnisse einer (Seelen-)Welterfahrenheit, die das Dunkle, Abgründige, Bedrückende einschließt.

Nach einem Vortrag fragte mich kürzlich ein Zuhörer: «Sie behaupten, echte Freude könne nur erleben, wer schon einmal tief traurig gewesen sei. Woher wissen Sie das eigentlich?» Ich musste mich einen Augenblick besinnen, denn das war eine treffende und wichtige Frage, die ich nach bestem Wissen beantworten wollte. Und dann erinnerte ich mich, woher ich das weiß: «Beobachten Sie *Kinder*», riet ich, «und gehen Sie gleichzeitig zurück in ihre *eigene* Kindheit. Versenken Sie sich in das Bild eines tränenüberströmten, eben noch von tiefem Kummer gezeichneten Kindergesichtes, das plötzlich froh aufstrahlt.» Die Polarität, das heißt die Gegensätzlichkeit bei wesenhafter Zusammengehörigkeit, von Leid und Glück ist als entwicklungspsychologische Beobachtungstatsache so offenkundig, dass sie keines weiteren Beweises bedarf.

Die Sein-Sinn-Spannung
als Gestaltungsherausforderung

Das therapeutische und pädagogische Denken in seiner manchmal frappierenden Kleinkariertheit tendiert heute immer mehr dazu, die der Leidensseite zuzuordnenden Erfahrungsqualitäten auslöschen zu wollen, also (was die gewiss unbeabsichtigte, aber unvermeidliche Folge ist) konfliktreiche Biografien als Mißssgeschicke zu betrachten, in denen kein Sinn erkennbar sei – was für die betroffenen Menschen nichts anderes bedeutet als eine ständige, latente Demütigung unter dem Deckmantel des Mitleids. Idealisiert wird ein daueroptimistischer, heiterer, unbekümmerter, selbstzufriedener, psychisch ausgeglichener (was für ein Kriterium! man stelle sich vor, man wäre immerzu psychisch ausgeglichen!), von inneren Konflikten, Ängsten, Traurigkeits-, Versagens- und Einsamkeitsgefühlen unbehelligter, rundum einverstandener und natürlich erfolgsorientierter[28] Prototyp – in der irrigen Annahme, dieser werde den kränkenden Lebens- und Umweltbedingungen besser standhalten können als der im *ganzen* Spektrum ausgefaltete, sich mühende, zweifelnde, mit Höhen und Tiefen vertraute Mensch, der seine Sehnsucht durch Leidensprüfungen hindurchträgt, aus Irrtümern lernt und an Widerständen wächst.

Seelische Konflikte haben so wenig mit «Inweltverschmutzung» (der Ausdruck geht auf Jacques Lusseyran zurück[29]) zu tun wie ein behaglich und wohlfühlig dahinplätscherndes Sein mit «innerer Reinheit». Auf biografische Durchgänge durch Schmerzräume einen im Kern verächtlichen (nämlich defektivistischen[30]) Krankheitsbegriff anzuwenden gehört zu den schlimmsten Gedankenlosigkeiten der Gegenwart. Wenn wir schon Paraphrasen aus dem Sprachgebrauch der Hygiene benutzen (womit wir besser gleich wieder aufhören, denn hier lauern Missverständnisse), dann ist Inweltverschmutzung alles dasjenige, was die Sehnsucht nach Freiheit und Liebe beschädigt, vergiftet, verzerrt. Aber dieser Sehnsucht zu folgen, sie zu verteidigen, dem Leben Reservate für sie abzutrotzen, das ist in der heutigen Zeit ein Unterfangen, bei dem es nicht ohne Blessuren abgeht, und es wird – auch bei optimistischster Prognose – zu *keiner* Zeit je ein Weg des lauwarmen Seelenfriedens sein.

Der Mensch ist nur dann bei sich, das heißt auf der Suche nach dem Sinn-Strang *seines* Lebens, wenn er die Strapazen dieses Weges auf sich nimmt, der ihn – in der tieferen Bedeutung des Wortes – seiner Heilung und somit seinem Beitrag zur Heilung des Ganzen näher bringt. Er wird, mit anderen Worten, nur dann seiner *Würde* gewahr und findet an diese Kraftquelle Anschluss, wenn er das Beuyssche Diktum «Jeder Mensch ist ein Künstler» aus Selbsterfahrung bestätigen kann; wenn er zu verstehen beginnt, was der Satz bedeutet: «ICH gestalte (M)ICH –› in die Welt.»[31] Je mehr der Zusammenhang zwischen Selbst- und Weltgestaltung zum konkreten Erlebnis wird, je mehr also der Mensch in die Lage kommt, aus seinem Freiheitswesen heraus zu handeln und aus seinem Liebewesen heraus das freie Handeln mit Wärme zu durchdringen (ich spreche von der *Du-Gewidmetheit*; wir kommen darauf zurück), desto willenskräftiger im Sinne dessen, was man umgangssprachlich Beherztheit nennt, wird er den Kränkungen der Zeit entgegentreten können. Denn diesen Kränkungen ist am besten gewachsen, wer sie nicht nur erleidet, sondern erkennt, dass es gegen «die Dysfunktionalität in der Welt … einen großen Manövrierraum gibt, einen ungeheuren Raum, in dem ich mich bewegen kann» (Michael Ventura). Ventura stellt, nebenbei bemerkt, den gängigen psychotherapeutischen Dysfunktionalitätsbegriff dahingehend in Frage, dass er sich weigert, die Verunsicherung Einzelner angesicht der *gestörten (dysfunktionalen) Verhältnisse* als

Mangel oder Makel auszulegen.[32] «Beherztheit» ist ein sehr treffendes Wort. Es bezeichnet die Initiativkraft, die von der Herzmitte, dem Zentrum menschlicher Beziehungsfähigkeit, ausströmt, Intellekt und Affekt zusammenführt und im seelischen Wärmeelement zu Fantasie (bildnerischem Denken) und Kreativität (bildnerischem Wollen) erhöht. Beherztheit ist der *Mut zum Guten,* das Handeln aus Liebe zum Handeln selbst; man kann nicht aus Liebe zum Handeln lieblos handeln.[33] Damit ist nichts anderes gesagt, als dass man jener Verunsicherung – die James Hillmann auf den Punkt bringt mit dem Satz «Die kranke Weltseele spricht ihre Verzweiflung durch mich aus» (vgl. Anm. 32) und die in der Tat keine Insuffizienz- oder Fehlerhaftigkeitszuschreibung rechtfertigt – entkommt, wenn «der Hiatus zwischen Sein und Sollen, zwischen Sein und Sinn», der «wesentlich für alles Menschsein» ist (Viktor E. Frankl), als Gestaltungsherausforderung begriffen wird: als Aufruf an den Einzelnen, sein poietisches Selbst auf einen größeren Werkzusammenhang – ein *Sinn*zusammenhang kann in der heutigen Zeit nur ein *Werk*zusammenhang sein –, in letzter Konsequenz auf die soziale Skulptur hin zu entwerfen und die damit einhergehenden Konflikte anzunehmen.

Denn «was *der Mensch* in Wirklichkeit braucht, ist nicht ein Zustand bar jeder Spannung, sondern ... jene dosierte Spannung, wie sie hervorgerufen wird durch sein Angefordert- und Inanspruchgenommensein durch einen Sinn».[34] Dies ist, wie wir gesehen haben, im Prinzip an *jedem* Ort des Lebens und Arbeitens möglich. Eckhard Schiffer schreibt: «Die schöpferische Kraft, etwas hervorzubringen, wirkt als Ur-Kraft – sofern diese nicht mit dem finalen Rotstift oder anderen Totschlagmethoden abgewürgt wird oder sich nur noch in zerstörerischer Form ... äußern kann.»[35] Diese Kraft muss dem Menschen nicht anerzogen oder sonstwie verliehen werden, sondern es geht um ihre Freisetzung und in diesem Zusammenhang um die Überwindung ihrer strukturellen Abwürgung in den heutigen

Bildungsanstalten, in der Arbeitswelt, im politischen Leben. Dass ein entscheidender Schritt in diese Richtung getan wäre, wenn sich der Einzelne als souverän Mitwirkender einbezogen wüsste dort, «wo die menschlichen Rechte ... umgestaltet werden müssen, wo eingegriffen werden muss in die Rechtsgestaltung» (Beuys), sei hier nur am Rande erwähnt. Auch und nicht zuletzt die Demokratiefrage ist in die Sinnfrage eingeschlossen. Das wird im Klima der Politikverdrossenheit gern übersehen, wenn man über Individualismus, Kreativität und zwischenmenschliche Beziehungen spricht. «Vom sozialen Künstler ist ... insofern die Rede, als er doch der Gestalter der Rechtsfiguration sein muss» (Beuys).

Kreativität und Homöostase

Nun soll mit alledem nicht behauptet werden, schöpferische Menschen müssten vor Gesundheit strotzen! So einfach liegen die Dinge natürlich nicht. Wir haben bis jetzt lediglich festgestellt und von verschiedenen Seiten betrachtet, dass gegen den Stress des Welt*erleidens* diejenigen geistig-seelischen Qualitäten als schützende, kräftigende Faktoren in Betracht kommen, durch die wir Anschluss finden an die Quellen unserer Sehnsucht und auf unser schöpferisches Potential zurückverwiesen werden. Dieses ist erstens das sozial-emotionale Gehalten- und Einbezogensein, mithin die Entdeckung des eigenen beziehungsgestalterischen Vermögens in einem dafür empfänglichen Umfeld; wer nur *Nutznießer* einer Gemeinschaft ist, mag äußerlich noch so geborgen sein, er leidet an Einsamkeits- und Unzulänglichkeitsgefühlen, weil er sich nicht in seiner sozialen *Kompetenz* erlebt.[36] Es ist zweitens das «Angefordertsein durch einen Sinn» (Frankl), der über das im Grunde furchtbar unbefriedigende persönliche Gewinn-, Sicherheits-, Erfolgs- und Lustmaximierungsstreben hinausweist auf das Motiv, durch Selbstverwirklichung zur Verwirklichung des MENSCHEN beizutragen. Dieses Motiv – und damit schließt sich der Kreis – drückt letztlich immer ein *sozialkünstlerisches* Anliegen aus, dessen praktische Umsetzung dort beginnt, wo Menschen ihren Lebens- und Arbeitsalltag gemeinsam zu bewältigen haben. Erst in der überpersönlichen sozialen Perspektive, die genau genommen eine spirituelle Perspektive ist, weil im Fluchtpunkt als metaphysisches (!) Ereignis die Hoffnungsgestalt des Menschen und der Menschheit steht, wird das Eigene als das zu dieser Gestalt hinstrebende unersetzliche Individuelle[37] kenntlich. Dieses Kenntlichwerden des berufenen Ich-

Kerns in der Selbstheit ermöglicht die Erfahrung der Freiheit – sorgsam zu unterscheiden vom Zustand des Zu-nichts-Auf-gerufenseins, den man so gern mit Freiheit verwechselt.

Oft und nicht ganz zu Unrecht wird über den vermeintlich unauflösbaren Widerspruch zwischen dem sozialen Grundtrieb einerseits und dem (zunächst) antisozialen bzw. Freiheits-grundtrieb andererseits verhandelt.[38] Dieser Widerspruch ist (auch das geht aus dem bisher Gesagten hervor) im erweiterten Kreativitätsbegriff, nämlich im Dreischritt *Selbstgestaltung* ⟶ *Beziehungsgestaltung* ⟶ *Weltgestaltung* aufgehoben. (Inwie-weit darin eingeschlossen ist, was man herkömmlich beim Wort Kreativität assoziiert, also z.B. Dichtung, Malerei, Musik usw., werden wir noch sehen.) Es handelt sich also in hohem Maße um ein (Selbst-)Erkenntnisproblem. Freiheitssehnsucht und Gemeinschaftsbildung – «Die Begegnung mit dem Anderen ist von Anfang an Verantwortung für ihn» (Emmanuel Lévinas) – sind unvereinbar, solange jene an die Egoität gebunden bleibt und diese sich nur auf der Bedürfnis- bzw. Anspruchsseite gel-tend macht. Die Unverträglichkeit schlägt jedoch in ein schöp-ferisches Spannungsverhältnis um, wenn die Gemeinschafts-frage als Gestaltungsfrage begriffen und der Freiheitsdrang auf seinen motivationalen Ursprung zurückgeführt, d.h. als im Kern *sozialkünstlerischer* Drang identifiziert wird. Wer jenen Dreischritt subjektiv als den eigentlich der Wesensverfassung und Sehnsuchtsrichtung des heutigen Menschen entsprechen-den Seinsmodus erkennt und sich von dieser Erkenntnis durch-dringen lässt (theoretisches Wissen ist auf diesem Gebiet wir-kungslos), kommt in die Lage, dass ein an ethischen Grund-werten orientierter, in die zwischenmenschlichen Beziehungen einfließender Idealismus ihm auch in Konflikt- und Leidens-situationen zur Verfügung steht als inneres Vermögen, das die immaterielle Lebensqualität sichert – gerade deshalb, weil es sich um eine Art von Vermögen handelt, das nicht durch Be-standssicherung und Mehrung, sondern *durch Geben wächst*, oder genauer: durch Gestaltungen aus dem Gestus des Gebens. Diese sind immer möglich – ein einziges Wort, im passenden Augenblick an jemanden gerichtet, der genau dieses Wort braucht, kann ein größeres Kunstwerk sein als ein monumentales Gemälde, das irgendwo im Museum hängt (womit nichts gegen Gemälde gesagt ist).

Die Willenswärmekraft, von der hier die Rede ist und die wir zu ihren Ursprüngen zurückverfolgen werden, ist – unschwer erkennbar – nicht in Einklang zu bringen mit dem Homöostaseprinzip, auf dem der heute vorherrschende Gesundheitsbegriff beruht. Denn wo es «ums innere Gleichgewicht geht, das nur ja nicht gestört werden darf und um dessentwillen nicht nur alle Mittel erlaubt sind, sondern die ganze Welt zu nichts anderem als einem Mittel denaturiert und degradiert wird» (Frankl), da kann der Mensch nicht als *der Gestaltende* auftreten, der in einer Zeit des sozialen Wärmesturzes und der geistigen Bewegungsverarmung einstehen will für das Prinzip der «Individuation durch die Verantwortung für den Anderen» (Lévinas), das *nicht* unter dem Zwang einer Pflichtethik wirksam wird (das ist die überraschende wie beunruhigende Erkenntnis, vor der die moderne Menschheit steht), sondern dann, wenn der Einzelne «aus einem unvergifteten poietischen Selbst» (Schiffer) *frei handelt*.

Das ist nicht ohne Konflikte möglich, sondern beschwört unweigerlich Konflikte herauf; aber in diesen Konflikten erfährt sich der «Mensch als Mensch», nämlich in seinem Künstlertum und in gewisser Hinsicht in seiner «Heiligkeit». Bis zu diesem Begriff wagt sich Lévinas vor, wenn er die Liebe als zentralen Individuationsfaktor beschreibt. «Ich sage nicht, der Mensch ist ein Heiliger, ich sage, er ist derjenige, der die Heiligkeit als unangreifbar begriffen hat.» Man könnte auch sagen: derjenige, der begriffen hat, dass es ein unangreifbares Heiliges oder Heiles in ihm gibt, aus dem heraus er fähig ist, im Verbund mit anderen Heilsames für das soziale Ganze zu bewirken, das aber auch für ihn selbst zur Kraftquelle werden kann.

Peacemaker versus Pacemaker

Ich behaupte nicht, diese Kraftquelle sei eine Art Jungbrunnen für körperliche Fitness und straffes Gewebe oder biete zuverlässigen Schutz gegen sämtliche Krankheiten! Was ich zu bedenken gebe, ist dies: Je weniger unser Leben in Widerspruch gerät mit unserer Liebes- und Freiheitssehnsucht, desto stärker sind wir innerlich durchströmt und aufgerichtet von der Willenswärmekraft, die sich als Freude, Beherztheit, schöpferischer Unternehmungsgeist, positives Weltinteresse und warme Zuwendungsfähigkeit äußert und uns namentlich in Konflikt- und Leidenssituationen, gegen die sie uns eben *nicht* absichert, vor dem Absturz in Resignation und Hilflosigkeit bewahrt. Über den seelenkundlichen Tatbestand, dass, wer an diese Quelle herankommen will, nicht umhin kann, sich auch mit der Dimension des Tragischen vertraut zu machen, haben wir im Zusammenhang mit dem Komplementärgesetz schon gesprochen. Das ist ein bemerkenswerter Aspekt des Menschenrätsels: Wir können uns von innen heraus nur erkraften, wenn wir zur Schwäche bereit sind; die Stärke, die der Vermeidung von Schwäche verdankt ist, muss aufgegeben werden zugunsten der um ein Vielfaches konstanteren Stärke, die aus der *Befreundung* mit Schwäche erwächst.

Unser Augenmerk gilt also einer Kraft, die den *ganzen Menschen* durchströmt und erwärmt, sein Denken, sein Fühlen, sein Wollen, und damit natürlich auch das Gebilde, in welchem sich menschliches Denken, Fühlen und Wollen auf der Erde abspielt, nämlich den von seelennahen Lebensprozessen durchpulsten Leib. Wenn uns der Schreck in die Glieder fährt und die Angst unser Herz aus dem Schritt bringt, warum sollte uns dann jene Willenswärmekraft *nicht* bis in die rhythmischen

Prozesse des Leibes, bis in die Glieder, das «Stoffwechsel-Gliedmaßen-System» (Rudolf Steiner) hinein durchdringen können? Die andere Seite freilich ist die, dass wir durch unseren «Willen zum Sinn» (Frankl) dazu neigen, uns zu verausgaben, die gewonnene Stärke verschwenderisch an die Welt weiterzugeben. Und das wiederum *zehrt* an den Lebenskräften. Man sieht, die Sache ist recht kompliziert, auch wenn von gewissen Leuten, die aus ihrer Not eine Tugend machen, immerzu behauptet wird, die Antworten auf große Daseinsfragen seien letztlich «ganz einfach». Es geht darum, ein reduktionistisches und platt vereinfachendes Gesundheitsverständnis zu korrigieren und dabei in Betracht zu ziehen, dass das *homöostatische Prinzip der Spannungsvermeidung* die Psychoneuroimmunologie wieder auf die alte falsche Fährte der Psychologie des 20. Jahrhunderts führen würde. Denn es steht sehr zu befürchten, dass die Paralysierung der aus dem poietischen Selbst nach *Sinn und Gestaltung* drängenden kreativen Kräfte den Menschen mehr schwächt, als es durch noch so gesunde äußere Lebensführung und noch so ausgeklügelte medizinisch-therapeutische Maßnahmen wettgemacht werden kann.

In letzter Konsequenz stellt sich die Frage, was nun eigentlich vorzuziehen sei: als behäbig, harmonisch, im Einklang mit allen direkten und indirekten Hygienemaßregeln dahinlebender «peacemaker» oder als engagierter «pacemaker» irgendwann krank werden und sterben? Vor die Alternative «Peacemakers versus pacemakers» (deutsche Ausgabe: «Ruhestifter/Schrittmacher») stellt uns Viktor E. Frankl. Er, bei dem vorausgesetzt werden kann, dass er genau weiß, wovon er spricht,[39] macht mit durchaus angemessener Polemik darauf aufmerksam, dass das Ansinnen, den Menschen lediglich «auszugleichen» durch «Abstillung von Bedürfnissen», ihn, wie es Hillmann/Ventura ausdrücken, «mit sich selbst und seinem Weißbrot zufrieden sein zu lassen» – dieses im destruktiven (!) Sinne ruhestiftende Ideal –, nichts anderes als *Sinnberaubung* ist, und zwar mit fatalen Folgen, die Frankl in den lapidaren Satz kleidet: «Existenz sackt in sich selbst zusammen, wofern sie sich nicht selbst transzendiert.» Die sich selbst transzendierende Existenz des «Schrittmachers» jedoch ist eine per se konfliktgeladene, die sich im «ontogenetischen Rhythmus» zwischen sinngerichteter Anspannung und innehaltender Sammlung der Kräfte vollzieht. Wenn hingegen eine in sich zusammensackende Existenz nicht nur als gute Voraussetzung für Gesundheit, sondern geradezu als medizinisch-therapeutisch-sozialhygienisches *Ideal* definiert wird, kann dies wohl kaum der Weisheit letzter Schluss sein. Gar zu viele Zeitgenossen verleugnen – und vergessen schließlich – ihr Künstlermenschentum unter dem Eindruck jener Trugvorbilder erbarmungslos glattpolierter Attraktivität und Jugendfrische, die überall als Orientierungsfiguren zeitgemäßer Selbstverwirklichung zur Schau gestellt werden. An die Stelle des Netzwerkes «Zukunftswerkstätten», das in den siebziger Jahren kurzzeitig Anlass zur Hoffnung auf einen Durchbruch des homo ludens gab,[40] ist ein «Netzwerk Fitnessstudios» getreten, wo die Sehnsucht nach Sinn und Gestaltung an Muskelaufbaugeräten zuschanden getrimmt oder mit Kälbermastmitteln abgefüttert wird und all den armen durchgestylten Gestalten das bange Gefühl ins Gesicht geschrieben steht, dass auf diese Weise wohl doch kein nennenswerter Beitrag zur Verschönerung der Welt zu leisten ist.

Wer übernimmt die Verantwortung, wenn *diese* Opfer eines von den Massenmedien suggerierten, geist- und seelenlosen Menschenbildes respektive Gesundheits- und Glücksbegriffs, die nie etwas erfahren haben von jenem inneren Heiligtum, das in der Not die Kraft der *inneren Ausrichtung* verleiht (und zu dem man, obschon es – wie Lévinas mit Recht sagt – «unangreifbar» ist, doch die Verbindung verlieren kann), eines Tages ernstlich krank werden oder eine tiefe seelische Krise durchzustehen haben? Wer richtet eine zusammengesackte Existenz auf, wenn das Einzige, was ihr noch Selbstwertgefühl verliehen hat, nämlich der Körper, versagt, zur Quelle des Unbehagens wird, altert?

Die Rebellion der Liebe

Es gibt bei der Frage «Kraftzuwachs durch Sinnhaftigkeit» keine monokausale Beweiskette (was nicht gegen die Evidenz spricht[41]). Denn wir müssen verschiedene Dinge auseinander halten. Erstens ist der menschliche Lebenslauf an sich ein (körperlich) aufzehrender, nämlich zum Tode führender Vorgang. Es scheint ja in den Gesundheitsdebatten manchmal so, als habe man das vergessen – was zur «Medizinalisierung und allmählichen Ausgrenzung des Todes» führte und schließlich dazu, dass «die Todesidee unerträglich» wurde (H.-E. Richter).[42] Zweitens gibt es genetische, erziehungs- und sozialisationsbedingte sowie karmische, im biografischen Leitthema begründete[43] Unterschiede in Bezug auf die Kraftausrüstung und das Maß an Belastungen, die ein Mensch auf sich nimmt, um hervorzubringen, was seinen gestalterischen Ambitionen entspricht. Man denke an Beethoven, der sich während einer Schaffenskrise nackt und mit Wasser übergossen in den eiskalten Wind gestellt haben soll, um durch diese Schocktherapie den Zugang zur Quelle seiner Musik freizusprengen. Ähnliche, häufig unbewusste Motive sind immer dann in Betracht zu ziehen, wenn sich jemand ohne äußere Nötigung und zum Entsetzen derer, die ihm nahe stehen, in Situationen begibt, aus denen er vorhersehbar nicht unverwundet herauskommen wird. Drittens verausgaben sich Menschen, die ihr «Thema» gefunden haben, also aus einem unprätentiösen Selbstwert- und sozialen Verbundenheitsgefühl an etwas arbeiten, das ihnen viel bedeutet, erfahrungsgemäß oft um ein Vielfaches mehr als andere, und auch sie haben natürlich keine unbegrenzten Reserven. Selbst wer sein Lebensgefühl in dem bemerkenswerten Satz «Ich ernähre mich durch Kraftvergeudung»

(Beuys[44]) wiederfindet, ist irgendwann – nach Maßgabe der durchschnittlichen Lebenserwartung vermutlich sogar relativ früh – körperlich erschöpft, zumal dann, wenn ihn der Ruf seines Engels, seines «biografischen Leitthemas», auf die beschriebene Art dazu veranlasst hat, sich nachwirkenden Strapazen auszusetzen – wobei wir jetzt offen lassen, was eine biografisch-thematisch sinnvolle Strapaze von einem bloßen Missgeschick unterscheidet.[45] Dies alles berücksichtigend kann schließlich, viertens, durch viele Beispiele belegt werden, dass Menschen, denen das «Ich gestalte (m)ich ⟶ in die Welt» zum Erkenntnis- und Empfindungsinhalt geworden ist, die also – weil «Welt» für den Gestaltenden «Du» ist und alle Gestaltung somit auf *Beziehungs*gestaltung hinausläuft – den «Aufgabencharakter» (Frankl) ihrer Freiheits- und Liebessehnsucht erfasst haben, über Kraftreserven verfügen, die oft das Fassungsvermögen der Mit- und Nachwelt übersteigen, zumal dann, wenn es sich um Menschen mit schwächlicher Konstitution, Versehrungen, Gebrechen oder um solche handelt, deren kreative Energieleistungen angesichts ihrer ruinösen Lebensführung ans Übernatürliche grenzen.[46]

Kreative Menschen – wir haben ja nun den Kreativitätsbegriff aus der üblichen Floskelhaftigkeit herausgehoben und verstehen darunter *einen nach Weltgestaltung drängenden Liebe- und Freiheitsimpuls* – zeigen im Verhältnis zu ihrem Kraftaufwand einerseits und zu ihrer oftmals höchst angespannten Lebens- und Seelenlage andererseits (diese Verhältnismäßigkeiten freilich muss man im Auge haben) weitaus weniger Verschleißerscheinungen als andere, die zwar (vielleicht) vergleichsweise «harmonischer» leben, aber in ihrer Existenz und ihrer Arbeit keinen Sinn erkennen können. Das ist eine phänomenale Tatsache, die niemand in Zweifel ziehen wird, der mit offenen Augen durch die Welt geht. Gesunde Verhältnisse werden solche sein, in denen «jeder Mensch aus seinem Freiheitsimpuls die Gestaltungsfrage auf das Gesellschaftganze» zu beziehen vermag (Beuys); das ist eine ziemlich exakte Umschreibung des Begriffs Kreativität, wenn man ihn nur weit genug fasst. *Dies* in den pädagogischen und therapeutischen Zusammenhängen wie auch dort, wo um wesensgemäße Begriffe und Handlungsansätze zur gesellschaftlichen Neugestaltung gerungen wird, als gemeinsame Aufgabe zu be- und ergreifen wäre die beste aller Gesundheitsvorsorgemaßnahmen – was erst verständlich wird, wenn man Abschied nimmt von dem hinkenden Gesundheitsbegriff, der auf Leidensfreiheit und Konfliktvermeidung abzielt statt auf *Stärkung und Ermutigung der schöpferischen Individualität und Bewusstmachung ihrer Unersetzlichkeit im Weltzusammenhang.*

Das ist, ich gebe es zu, Anstiftung zur Rebellion. Aber nicht zur *Destruktion.* Denn die Kraft, «durch die der Mensch sich auf die Spitze seiner eigenen Persönlichkeit stellt», ist zwar «antisozial» (Steiner[47]), insofern sie ihrem Wesen nach gegen das Aus- und Angeglichenwerden (und das heißt auch: gegen die Freiheitsbeeinträchtigungen des Gesellschaftsvertrags) revoltiert; aber sie ist andererseits die Kraft, durch die «das Leben in der Transparenz auf einen transzendenten Auftraggeber hin erscheint» (Frankl). Dieser Auftraggeber – ich nannte ihn Engel – spricht im autonomen Gewissen als jene Du-gerichtete (Selbst-)Gestaltungssehnsucht, die Martin Buber mit den Worten umreißt: «Vermöge seiner Beziehungskraft allein vermag der Mensch im Geist zu leben.» Freiwerden heißt Aufmerksamwerden auf das «aus dem Geheimnis erscheinende, aus dem Geheimnis ansprechende Du» (Buber), also *liebefähig* werden. Es ist die Rebellion der Liebe, zu der wir anstiften müssen. «Auf der einen Seite steht der Christus-Impuls, der uns aufruft, aus freiem Seelenentschlusse … bewusst aufzunehmen die sozialen Impulse (und) alles das, was der Menschheit heilsam ist»; dem steht gegenüber die Tendenz, «diese Kräfte, die in den freien Entschluss gestellt werden sollen, in den Dienst der Körperlichkeit zu stellen» (Steiner).

Das war es, was zur Klärung gesagt werden müsste in Hinsicht auf die Gesundheitsfrage und die Sehnsucht des Menschen nach Liebe und Freiheit.

Teil II

«Zwischen uns»

Kosmetik statt Kreativität?

Wir haben den Begriff Sehnsucht etwas näher untersucht und uns in diesem Zusammenhang gefragt, was denn von der seelischen Seite her, von der Beziehungsseite her eigentlich *heilsam* für den Menschen sei, heilsam womöglich bis ins Körperliche hinein. Diese scheinbar so einfache Frage hat sich bei näherer Betrachtung als eine unerwartet komplexe, um nicht zu sagen verwirrende erwiesen. Sie ist, wie wir gesehen haben, nicht nur nicht erschöpfend, sondern mit Sicherheit falsch beantwortet, wenn man die simple Rechnung aufmacht: Zufriedenheit, Harmonie, Konflikt- und Stressvermeidung = bestmögliche psychisch-mentale Voraussetzung für körperliche Gesundheit. Das ist grobe Irreführung. Ein Gesundheitsbegriff, der den Menschen als Sehnsuchtswesen, Freiheitswesen mit umgreift; der «das offene Ich des schöpferischen Menschen» (Erich Neumann) ebenso einbezieht wie die Liebe-Bedürftigkeit, die nicht nur eine erwartende, sondern mehr noch eine Tatbedürftigkeit, ein Bedürfnis nach Taten ist, nämlich nach fürsorgenden, beschenkenden, beziehungsgestaltenden, Beziehungsräume «verschönernden», kurz: die Bedürfnisse *Anderer* befriedigenden Taten – ein solcher Gesundheitsbegriff *kann nicht* auf Konfliktvermeidung und so genannte Ausgeglichenheit abheben. Ausgeglichen sind wir, grob gesagt, im Schlaf, und mit regelmäßigem, gesundem Schlaf ist *dieser* Forderung der Menschennatur Genüge getan.[48]

Eine Biografie im Zeichen des Strebens nach Freiheit und Liebe – was zusammengehört, denn «der Sinn der Individualität erfüllt sich erst in der Gemeinschaft, (und) der Sinn der Gemeinschaft wird durch die Individualität konstituiert» (Viktor

E. Frankl) –, mithin eine *sinnsucherische* Biografie kann nicht schläfrig-behaglich verlaufen; das wäre die Erfindung des viereckigen Kreises. Wer Biografie light will, muss die Freiheits- und Liebessehnsucht irgendwie paralysieren. Und selbst wenn sich die Paralysierung des Sehnsuchtswesens als vordergründig gesundheitszuträglich, der behaglich-selbstzufriedene Reifungsstillstand als lebensverlängernd erweisen würde; wenn also Frankls Peacemaker, dem Motto «Kosmetik statt Kreativität» (oder Dale Carnegies Dauerbestseller «Sorge dich nicht, lebe!») folgend, tatsächlich eine längere durchschnittliche Lebenserwartung hätte als der für Ideale sich verausgabende Pacemaker – was nie empirisch zu klären sein wird, weil die Frage nach *allen* Seiten offen ist –, wäre es *trotzdem* Betrug, die Menschen in das Holländer-Michel-Geschäft[49] hineinzulocken; sie würden für das vage Ziel «Konfliktenthobenheit» ihr Kostbarstes verpfänden, nämlich jenes innere Kraftzentrum, von dem das *inspirierte* Wollen ausgeht, welches ich an anderer Stelle als individualisierten Wärme-Bewegungs-Impuls oder schlicht als das KIND bezeichnet habe.[50]

Durch diesen Impuls, der uns als Sehnsuchtswesen aufweckt, aber auch auf*schreckt*, durch den wir uns erkraften, aber auch vergeuden, «soll immer wieder das Gegenständliche zu Gegenwart entbrennen, einkehren zum Element, daraus es kam. Die Erfüllung dieses Sinns und dieser Bestimmung wird von dem Menschen vereitelt, der sich mit der Es-Welt als einer zu erfahrenden und zu gebrauchenden abgefunden hat» (Martin Buber).[51] Die ohne Höhen und Tiefen dahinplätschernde, wohltemperierte Zufriedenheit, die aus solchem Sich-Abfinden vielleicht vorübergehend gewonnen wird, ist tückisch, denn sie bedarf mit der Zeit eines immer höheren Aufwandes an innerer und äußerer Absicherung gegen das Aufschreckende. Um in diese Festung des Sich-Vorenthaltens Einlass und dort Gehör zu finden, mag der Engel genötigt sein, Mittel anzuwenden, die dem verschanzten Selbst durchaus nicht als weisheitsvolle Führung, sondern als unzumutbare Ruhestörungen erscheinen. Das Konzept «Lebensqualität gemütlich, vergnügt und kerngesund» geht bekanntermaßen sehr selten auf, und das liegt nicht an der bösen Welt und an den unzureichenden Konfliktabwehrvorkehrungen, sondern am Qualitätsgespür des *inneren Künstlers*, der nicht damit einverstanden ist, dass in seinem Namen ein biografisches Gebilde ohne Originalität und kompositionelle Spannung entsteht. Originalität und kompositionelle Spannung fehlen, wenn kein Bezug auf den sozialplastischen Werkzusammenhang besteht. Diesen Bezug nennen wir Sinn.

Sein zum Sinn

Wir müssen heute, wenn wir den *ganzen* Menschen betrachten, als Gesundheit diejenige Verfassung definieren, die es ihm ermöglicht, sich in seinem vollen Menschsein zu erfahren als Licht- und Schattenwesen, hinorientiert auf einen Sinn und damit aufgebrochen zur Freiheit, was, mit Karl Jaspers gesprochen, bedeutet: zur «Überwindung des Äußeren, das mich doch bezwingt, (wie auch zur) Überwindung der eigenen Willkür», insoweit es sich nicht um die schöpferische Willkür des freien Geistes, sondern um diejenige des geistlosen Hin- und Hergetriebenseins von Reiz zu Reiz handelt, also um die Willkür, die in Wahrheit keine ist, weil in ihr nur zur Befriedigung drängt, was uns der Leib aufnötigt, was uns, genauer gesagt, die irdischen Gegebenheiten aufnötigen, denen wir als physisch-leibliche Wesen unterliegen, aber als seelisch-geistige Wesen nicht unterliegen *müssen*. «Vor der Wirkung der Erde müssen wir gerade geschützt werden. – Würden wir der Erde fortwährend ausgesetzt sein, würden wir fortwährend krank sein», sagte Rudolf Steiner in einem etwas anderen Zusammenhang, der aber durchaus die Frage, um die es uns jetzt geht, berührt.[52]

Der in jedem Menschen mehr oder weniger bewusst wirksame emanzipatorische Grundtrieb (ich nannte ihn primäre Intentionalität), nicht unter dem Diktat der Materie zu stehen, sondern, was die einzige Alternative ist, *gestaltend* auf sie Einfluss zu nehmen (*von ihr* frei sein zu wollen, wäre Todessehnsucht; es geht um Freiheit *auf sie zu und durch sie hindurch*), «fordert, dass nichts ausgelassen werde (und) alles, was Sein und Sinn hat, zu seinem Rechte komme, (denn) äußerste Weite ist Bedingung der Freiheit. Daher offenbart sich der Inhalt der

Freiheit durch das Leben in Polaritäten und Gegensätzen»
(Jaspers).[53] Aber dieser in «Polarität und Steigerung» (Goethe)
sich offenbarende «Inhalt der Freiheit» offenbart sich nur, insofern ein ihn entgegennehmendes DU (wir werden sehen, dass
das kein leibhaftiger Mensch sein muss) den Anlass und die
Richtung gibt; ja, das Veranlassung und Richtung gebende DU
ist die «Steigerung», durch die alles Seiende Sinn finden und
alles Sinnhafte «zu seinem Rechte kommen» kann.

Demgegenüber müsste in holistischer, das heißt das Ganze
umschließender und das Wesentliche hervorhebender Betrachtung ein kranker Seinszustand beim Menschen definiert werden
als ein solcher, durch den die «Weite» freien Atmens in Polaritäten[54] und schöpferischer Überschreitung zum DU hin verbaut,
die Sein-Sinn-Spannung aufgehoben, die «Wirkung der Erde»
prädominant wäre. Das *kann* ein Krankheitszustand im geläufigen Verständnis sein, wie auch ein Zustand seelischer Not (oder
beides zugleich). Darüber brauchen wir nicht viele Worte zu
verlieren, es versteht sich von selbst. Dennoch ist die Frage angebracht, wer der «Kränkere» sei: der Leidende, der – wie es
Frankl ausdrückt – angefordert und in Anspruch genommen ist
durch einen jenseits des Leidens liegenden oder gar dieses ein-
schließenden und sozusagen plausibilisierenden Sinn; oder der
von Kummer, Leid und Schmerz Unbehelligte, der nichts wüsste von seiner Zugehörigkeit «zum Geheimnis, das heißt zur Zukunft, zu dem, was in einer Welt, in der alles da ist, niemals da
ist» (Emmanuel Lévinas).[55]

Wer sein soziales Empfinden nicht verwahrlosen lässt,
wünscht natürlich jedem Mitmenschen von Herzen ein sinner-
fülltes *und* zugleich möglichst leidensfreies Dasein. Das Problem ist nur eben, dass uns das homöostatische Prinzip der
Konflikt- und Spannungsvermeidung – mithin Leidensvermei-
dung –, wenn es lebens*bestimmend* wird, des Sinnes beraubt,
indem es den «Hiatus zwischen Sein und Sinn» eliminiert, uns
also zurückdrängt ins Sein ohne Sinn. «Es geht nicht darum, aus

der Einsamkeit herauszutreten», sagte Lévinas einmal – denn ich *bin* nie der Andere, gleich wie tief ich mich mit ihm verbinde –, «wohl aber, *aus dem Sein* herauszutreten.» Aus dem Sein herauszutreten in den Sinn *ist* eine leidvolle Erfahrung. Aus diesem Grund habe ich an anderer Stelle[56] darauf aufmerksam gemacht, dass das tragische Feld in den Erdenverhältnissen zugleich das Hoffnungsfeld ist und doch die einzige Möglichkeit, jener *Atem-Not* des Prädominantwerdens der Erde – des So-Seins – nicht anheim zu fallen. (Atem-Not ist hier wiederum nicht physiologisch zu verstehen, sondern als Verlust der seelischen Erlebnisqualität des befreiten Aufatmens; wobei dies sicher nicht ohne Konsequenzen bleibt für die äußere Atmung.[57])

Zurückgedrängt ins Sein ohne Sinn sind wir krank, auch wenn wir vordergründig nicht leiden, ja mehr noch: Das vordergründige Nichtleidenwollen, zur Maxime erhoben, löst den (Erkrankungs-)Prozess aus, der uns dem Sein ohne Sinn übereignet. Gäbe es dafür wenigstens eine Garantie auf körperliches Wohlbefinden und seelische Zufriedenheit, könnte man zur Tagesordnung übergehen und sagen: Wer den Weg des unstrapaziösen, ungestörten Gleichmaßes im So-Sein gehen und dafür auf das Abenteuer des «ICH gestalte (M)ICH ⟶ in die Welt» verzichten will, hat gewählt, und das ist sein gutes Recht. Ich würde den Aspekt der Berufenheit zur Mitwirkung an der sozialen Skulptur ebenso wenig dagegen ins Feld führen wie denjenigen des Brachliegenlassens von Himmelsgaben (nämlich Fähigkeiten) und die Trauer des Engels, denn es steht mir nicht zu, Schicksale zu bewerten. Aber die genannte Garantie besteht ja nicht, ganz im Gegenteil, allzu oft habe ich erlebt, dass der Versuch «Biografie light» zu tiefen Selbstzerwürfnissen führte;[58] dass Krankheiten und leidvolle Erfahrungen eben doch früher oder später in die Vermeidungs- und Verdrängungsfestung einbrachen und sogleich *alles* verdüsterten, weil es nur eine einzige Hoffnungsperspektive, eine einzige kraftvolle

Strebensrichtung, ein einziges echtes Engagement gegeben hatte: zu verhindern, was nun geschehen war. Und vor der Gefahr
solcher Selbstzerwürfnisse, solcher Wehrlosigkeit muss eben
gewarnt werden, ganz unabhängig von der Bekümmerung, die
einen überkommt, wenn man zu begreifen beginnt, *was* der
Mensch, der den Sinn aufgibt, dem MENSCHEN (und sich selbst)
vorenthält.

Der Tranquilizer-Effekt

«Die Menschlichkeit des Menschen (ist) innerhalb des Seins ein Bruch des Seins» (Lévinas). Das betrifft einerseits das autonome *Gewissen*, welches uns hinlenkt auf die Berücksichtigung dessen, was dem *Anderen* zusteht – nicht nach Recht und Gesetz, sondern gemäß seiner Bedürftigkeit, erkannt und gewürdigt zu werden –, und es betrifft die *Kreativität*. Beide lassen uns im Zweifelsfalle anders entscheiden, als es der Logik der Zweckmäßigkeit und des größtmöglichen Vorteils entspräche; beide rufen eine andere, höhere Lust als die leib-haftige (direkt oder indirekt der Leibsicherung dienende, also egoistische) auf den Plan. *Du-gerichtetes* Handeln ist immer ein Wagnis, eine Investition ohne Rendite, eine Schenkung nämlich; und der Impuls, der solche Handlungen auslöst, ist mit dem Zinswesen – geben, um fordern zu können – erzverfeindet. Der Schenkende ist niemals Gläubiger! Dasselbe gilt für die Kreativität: Das schöpferische Sich-Ausgeben beziehungsweise Aus-Sich-Geben steht, ob es uns gefällt oder nicht, in einem umgekehrt proportionalen Verhältnis zum Eigennutz. Mit anderen Worten: Eine Handlung ist umso weniger kreativ, je mehr sie mitbestimmt wird vom – materiellen oder immateriellen – «Haben-Modus» (Erich Fromm).[59] Wobei *eine* bedeutsame Einschränkung gemacht werden muss, mit der wir das «Geheimnis» berühren, von dem Lévinas spricht: Was im nicht überschrittenen Sein das Uneigennützige ist, begründet den Reichtum im überschrittenen Sein: die Sinnhaftigkeit. Auf *diese* Rendite aus einem, wenn man so will, höheren Egoismus zu spekulieren bringt uns nie in Widerspruch zum *echten* Schenken, zur *echten* schöpferischen Selbstausgabe.

Ich sage wohlgemerkt nicht, es sei prinzipiell falsch, aus profanem Eigennutz zu handeln. Wahrscheinlich ist das selbst bei größter Liebesreife einfach unvermeidlich. Man soll nur aufhören, die Dinge immerfort durcheinander zu werfen und umwegiges Sich-Bereichern als gute Tat, profitorientiertes Handeln als Kreativität auszugeben. Der geschenkhafte, kreative *Anteil* einer Handlung, somit der *freie* Anteil, ist eben gerade derjenige, der aus dem Wesensbezirk motiviert ist, in dem wir *keine* Egoisten sind, sondern *Individualisten*, die innerhalb des Seins mit dem Sein brechen, um zum Ursprung der Sehnsucht zurückzufinden. Der zu sich gekommene und aus sich handelnde Mensch ist selbst ein «Bruch» im (So-)Sein der Welt.

Die in der Du-Gerichtetheit und in der schöpferischen Selbstausgabe sich vollziehenden Seinsbrüche – die zugleich Seinsüberschreitungen und, wiewohl sie Weg und Ziel zeigen, Vorstöße ins Unbekannte, Un-heimliche sind – wegen ihrer möglicherweise «ungesunden» Konsequenzen zu vermeiden wird für immer mehr und mehr Menschen zur Lebensmaxime. Eine merkwürdige, halb- oder unbewusste Angst, durch das *Absehen von sich selbst* schutzlos dem Angriff unzähliger Viren, Parasiten, Giftwirkungen, Dämonen – und was sonst noch in Betracht kommen mag – ausgesetzt zu sein, beherrscht die Seelen. Als widersacherisches, gegen den Ursprung der Sehnsucht gerichtetes Ideal hat sich der (bereits genannte) perfekt gestylte, vor Vitalität strotzende Homunkulus, der – allgegenwärtig – auf Plakatwänden, Bildschirmen und Zeitungscovern posiert, vor das nur innerlich zu erschauende Bild des MENSCHEN geschoben. Diese *Vertauschung der Könige* ist das eigentliche, «okkulte», hinter den Kulissen der vordergründigen Argumentation wirksame Motiv der «militanten Gesundheitsmoral, ... die ihren Heilsglauben auf die fortschreitende kämpferische Zurückdrängung von Krankheit, Leiden, Behinderung und Tod ausgerichtet hat» (Horst-Eberhard Richter).

Was wäre das für ein Zustand, dieses gespenstische Gleich-maß, dieses lauwarm dahinplätschernde Leben ohne Tiefen und Höhen, ohne Licht und Schatten, in welchem die Bekämpfung von Krankheiten den Verzicht auf wahre Gesundheit forderte; dieses Leben irgendwo in einer indifferenten Mitte, die nichts zu tun hat mit jener dynamischen Herzmitte, von der wir spra-chen? (Bei Johannes Stüttgen findet sich zum Problem der Mit-te folgende bemerkenswerte Fußnote: «Erst das nach unten in die Tiefe bis in den Willen getriebene Gefühl erreicht in der Höhe oben das Denken – und umgekehrt. Das Beharren in der Mitte führt ... zur Auflösung der Mitte selbst, die sich ja nur durch Verausgabung nach unten und oben stabilisiert. Hier ist für einen Moment Innehalten geboten. Sollte sich diese Seelen-figuration im Zuge der Betrachtung umstülpen und sich am Ende das ‹Oben› und ‹Unten› als ‹Mitte› erweisen?».[60])

Den vermeintlich gesunden Zustand einer unentrinnbar wohltemperierten Mittellage rufen bestimmte Medikamente hervor, die gegen Depressionen und Angstzustände verabreicht werden, so genannte Tranquilizer. Diese Medikamente lassen den Menschen selig und zufrieden auf einer rosaroten Wolke schweben. Es geht mir jetzt überhaupt nicht darum, sie generell zu verdammen, sondern auf gewisse Nebenwirkungen auf-merksam zu machen, die für unser Thema aufschlussreich sind. Die pharmazeutische Forschung hat also Mittel hervorge-bracht, die den Menschen genau in die seelische Verfassung bringen, auf deren normative Durchsetzung die von Richter angeprangerte «militante Gesundheitsmoral» abzielt. Tranqui-lizer sind in der Regel suchtbildend und erheblich organschädi-gend, aber vielleicht wird man solche unerwünschten Begleit-umstände eines Tages eliminieren können (aus den USA kommt die Kunde, dies sei mit dem ominösen Medikament *Prozac* schon gelungen). Was man mit Sicherheit nie wird eliminieren können, das sind diejenigen Nebenwirkungen, die ebenso zwingend aus der Hauptwirkung resultieren, wie etwa Dunkelheit daraus resultiert, dass man das Licht ausknipst – und zwar völlig unabhängig davon, auf welche Weise die Hauptwirkung erreicht wird, ob durch Medikamente oder nichtstoffliche Manipulationen.[61] Alles also, was ich jetzt über Psychopharmaka sage, gilt auch für pädagogische, therapeutische, sektiererische, religiöse, demagogische, autosuggestive oder sonstige Einflüsse, die möglicherweise den Tranquilizer-Effekt hervorrufen oder in diese Richtung tendieren.

Welcher Tribut muss für das Schweben auf der rosaroten Wolke entrichtet werden? Wer die Wirkung von Tranquilizern kennt, weiß, dass sie auf Dauer die Quelle der Liebefähigkeit verschütten. Ich spreche jetzt von der seelischen Liebe. Die Sehnsucht, zu lieben und geliebt zu werden, Zärtlichkeit, Verständnis und menschliche Wärme zu erleben, schwindet. Sie löst sich buchstäblich in Wohlgefallen auf. Der bonbonsüß Ruhiggestellte ist von sich selbst bezaubert. Er braucht niemanden und kann nichts damit anfangen, gebraucht zu werden. Auf der rosaroten Wolke sind Liebe und Freundschaft überflüssig. Nettigkeiten verteilt man gern, es ist angenehm, sich mit anderen die Zeit zu vertreiben, Sex hat einen gewissen Vergnügungswert, aber eigentlich sind einem die Menschen gleichgültig, das Zusammensein bleibt oberflächlich.

Die zweite gravierende Nebenwirkung des Tranquilizer-Effekts, die mit der ersten eng zusammenhängt, ist das Erlahmen der kreativen Impulse. Falls sich unter meinen Lesern ein aufstrebender Dichter befindet, der einen Konkurrenten ausschalten möchte, kann ich nur raten: Machen Sie ihn wunschlos glücklich! Mischen Sie ihm Tranquilizer ins Essen, oder verhelfen Sie ihm auf andere Weise zu unerschütterlicher Ausgeglichenheit und Zufriedenheit.[62] Aber kreative Impulse sind natürlich nicht nur für die Herstellung von Kunstwerken im geläufigen Sinne nötig. Ein kreativer Impuls ist ganz einfach dann wirksam, wenn jemand den Wunsch verspürt, etwas zu erzeugen oder an der Erzeugung von etwas mitzuwirken, was noch nicht besteht (jedenfalls nicht in *dieser* gerade entstehenden Form), nicht durch äußere Bedingungen diktiert und in der Grundgeste ausgerichtet ist auf die «Erhöhung des menschlichen Daseinswertes» (Rudolf Steiner). Was Letzteres bedeutet, klang vorhin schon an, aber wir kommen noch einmal darauf zurück.

Armut des Seins –
Reichtum des Werdens

Warum blockiert der Zustand künstlicher Seligkeit die Liebessehnsucht und die schöpferische Lust? Weil der Tranquilizer-
Effekt jenes von Stüttgen angesprochene «Beharren in der Mitte, das zur Auflösung der Mitte führt», erzwingt. Man kann
nicht in der Mitte beharrend lieben. Liebesverhältnisse – das
sind Verhältnisse, für die Martin Bubers Satz gilt: «Geist ist
nicht im Ich, sondern zwischen Ich und Du» –, die sich in der
Körperhaftigkeit ereignen,[63] sind unweigerlich Spannungsver-
hältnisse. Denn die Körperhaftigkeit stellt uns in die «Vereinzelung des Seins» (Lévinas), welche liebend zu überwinden ein
Teil unseres Willenswesens fordert, während ein anderer Teil sie
aufrecht zu erhalten, ja zu steigern trachtet. Eine Liebesbeziehung, die den Namen verdient, wird aus sich heraus zum Spannungsfeld dieser beiden widerstrebenden und doch einander
unentbehrlichen Antriebe. Die Ambivalenz zwischen *Ich-
Überschreitung* und *Ich-Behauptung* tritt sofort auf, wenn ein
Mensch einem anderen wirklich *nahe* sein will. Der Wunsch
nach Entgrenzung zum Du hin wird durch das Autonomie-
Streben zurückgedrängt und umgekehrt. Das Verlangen nach
Treue, das, anders als es zunächst den Anschein hat, im Kern
nicht auf Ausschließlichkeit gerichtet ist – der Exklusivitätsan-
spruch ist eine angstverursachte Variante –, sondern auf die bei-
derseitige Zusicherung der Unverbrüchlichkeit, also eigentlich
Ewigkeitsgültigkeit der Beziehung, kollidiert mit dem altruisti-
schen Bedürfnis und Vermögen, *Individuationshelfer* des Anderen zu sein (was ja ausdrücklich bedeutet, ihn *nicht* zu usur-
pieren), bei Lévinas als «ethische Inspiration» beschrieben.[64]
Es ist, dies alles berücksichtigend, ratsam, sich rechtzeitig dar-

auf einzustellen, dass *Liebes*beziehungen weder Erholungskuren noch Übereinkünfte zur beiderseitigen Bedürfnisabstillung (eine Lieblingsvorstellung der Mainstream-Psychologie[65]), noch so etwas wie immaterielle Luxusgüter sind, auf die man *Anspruch* erheben und von denen man mehr oder weniger «haben» könnte. In der *affluent society* zerbrechen allzu viele Partnerschaften an den beziehungszermürbenden Forderungen nach jederzeit exklusiver Verfügbarkeit des Anderen und dessen Bereitschaft, sich zum Genussmittel degradieren zu lassen.

Der Entschluss, gewisse Privilegien – zum Beispiel das sexuelle – einem erwählten Menschen allein zu gewähren, ist umso tragfähiger, je weniger er unter psychischem Druck gefasst wird. Es gibt kein Recht auf eine solche Auszeichnung. Wird sie frei verliehen, ist sie ein kostbares Geschenk. Wird sie erzwungen, verliert sie ihren Auszeichnungscharakter, und ihr eigentliches Motiv – die *freie* Kundgebung: Dies will ich *nur mit dir* teilen als Zeichen der Ergriffenheit – entfällt. *Besitzstand* ist das in Beschlag und Verwahrung Genommene, worauf ich Zugriff habe, wann immer ich will. Der Schritt vom «Besitz» einer Frau bis zu ihrer Vermietung ist qualitativ unerheblich; die Sperre entfällt, wenn kein aufgepfropfter Moralkodex mehr verhindert, das in der Logik der Sache Liegende zu tun. *Liebend* hingegen gehört mir nichts, niemand und am allerwenigsten das geliebte Wesen. Ich stehe unerbittlich in der *Armut des Seins* («Sein» hier mit Lévinas verstanden als das zum Anderen hin zu überschreitende Sein der Gewordenheit[66]). Diese Mittellosigkeit versetzt mich in Angst. Sie macht mich aber auch auffassungsfähig für eine ganz andere Art von Wohlstand als den, der mir Ansprüche sichert. Ich beginne etwas zu begreifen vom *Reichtum des Werdens*, der augenblicklich zunichte ist, wenn ich aufhöre, ihn zu *schaffen*, vom Geheimnis der Zeit, die zwischen Ich und Ich als *erschaffene Zeit* waltet. «Wenn sie stille steht, ist, was geschehen ist, nun für immer eingefroren» (Günter Schulte).

Das ist die Entdeckung im Zentrum der Angst, die ihr den Schrecken nimmt: Angstvolle *Aufgebrochenheit* kann umschlagen in jene ruhig entschlossene *Aufbruchs*stimmung, in der das Verhältnis zur Vergangenheit ein gelassenes ist, dasjenige zur Zukunft ein glühendes und jeder Gegenwartsaugenblick der Innigkeit aufgenommen wird wie ein unverhofftes Geschenk: staunend, dankbar. Dies aber setzt «die Offenheit ... zur Tragik» (Bernardo Gut) voraus – nämlich zur Tragik der *unerwiderten* Liebe – wie auch die Bereitschaft, sich dem Konflikt zu stellen, den die Unbeständigkeit und Unberechenbarkeit des Beziehungsverlaufs mit sich bringt: Selten sind die Partner einander zur gleichen Zeit gleich innig zugetan, es besteht geradezu obligatorisch eine Diskrepanz in Bezug auf die Intensität der Liebe*bedürftigkeit* und der Liebes*bezeugungen*, und Phasen der Erschöpfung, ja des Eindrucks von Endstation – auch dies in der Regel nicht synchron! – sind unvermeidlich.

Es gilt, nicht nur mit dem Kopf, sondern auch mit dem Herzen zu verstehen, dass Liebe eine Gestaltungsfrage ist. Die ihr gemäßen Gestaltungen sind Gestaltungen aus dem Gestus der Freigiebigkeit, des bedingungslosen *Schenkens*, und kein Liebesgeschenk kann – sieht man nur hin auf das Ganze: die «unsichtbare Skulptur» – je umsonst oder sinnlos sein, auch wenn es nicht vergolten wird. Die Spekulation auf Rückvergütung ist als solche ein beziehungsvergiftender Vorbehalt: der in vertraglich aufgefassten, quasi-juridisch entstellten Liebesbeziehungen von Anfang an eingebaute Abnutzungsfaktor. Bedenkt man, wie «normal» es heute ist, die argwöhnische Bedingung zu stellen: *Du sollst keinen größeren Gewinn aus unserer Liebe ziehen als ich*, nimmt (zum Beispiel) die immense Ehescheidungsrate nicht wunder. Ich behaupte ohne statistischen Beleg: Die Freundschaftsscheidungsrate ist – aus demselben Grund – ebenso hoch.

Der Mensch jenseits des Menschen

Nur was unter stetigem, immer wieder neu beschlossenem Einsatz von Aufmerksamkeit, Interesse und gestalterischer Fantasie durch Verwandlungen, ja Todespunkte hindurchgeführt wird, entrinnt der *vergehenden* Zeit und bewegt sich im Strom des beseelten und geisterzeugten Werdens, ist durchdrungen von «Evolutionssubstanz», «bezieht buchstäblich von der Zukunft ... die Energie» (Stüttgen). Alles andere erstirbt oder bleibt «für immer eingefroren» zurück. (Evolution vollzieht sich *zwischen* den Wesen, die durch sie zu sich selbst kommen, und «Zwischen» ist in der Menschenbegegnung die Chiffre für *Gestaltungsfeld ←→ Wärmefeld*). Es wäre widersinnig, aus oder auf Vorrat lieben oder eine Beziehung in einem bestimmten glückhaften Stadium konservieren zu wollen. Und doch kann meine Liebe zu diesem oder jenem Menschen eine weit in die Zukunft ausgreifende, vielleicht immerwährende sein – wenn ich ihren *offenen Prozesscharakter* verstehe und mich damit anfreunde, dass sie nicht adaptionsfähig ist an die *Bestands- und Wiederholungswelt* (was sich im Alltag bewährt, ist nicht die Liebe, sondern die Technik, einander möglichst wenig im Weg zu stehen; *Liebe* kennt keinen Alltag), sondern immer aufs Neue des entwerfenden und gestaltenden Zugriffs bedarf. Ja, ich würde behaupten, dass nur die Liebe, in der das unerhörte Gefühl von Ewigkeit auftritt, die Höhe des Zwischenmenschenmöglichen erreicht. Das hat durchaus nichts mit Abhängigkeit zu tun und setzt keine ständige räumlich-körperliche Nähe voraus; es gibt sogar «ewige» Liebe, die auf dem physischen Plan kaum oder gar nicht ausgelebt und dennoch von den Liebenden *gestaltet* wird in Gedanken und Empfindungen, als inneres Gespräch, Inhalt träumerischer Poesien und so weiter; solche Beziehungen werden gespeist aus einer Art von Erinnerung (an frühere Begegnungen), die das seltsame Gefühl auslöst, sie sei von einer *beschlossenen* gemeinsamen Zukunft jenseits des *diesmal* Möglichen angestrahlt. Nicht selten sind die wesentlichsten und schönsten Dinge, die jemand hervorbringt, insgeheim einer solchen unerfüllbaren und zugleich unverbrüchlichen Liebe gewidmet.

Was ich da sage, klingt, ich weiß, befremdlich angesichts des heute favorisierten und allseits propagierten Konzepts einer «selbstmörderischen ‹Lebenskunst›» (Richter), die auf profitable – im Idealfall lustvolle – Verbrauchspartnerschaften setzt und alles, was mit tiefen und wahren Gefühlen zusammenhängt, als antiquiert abtut. Die zwanghaft desillusionierten Trendsetter, die seit Jahren fast unangefochten das Parkett der Meinungsmoden beherrschen und sich ungeheuer darin gefallen, alles niederzuhöhnen, was irgendwie nach gesellschaftlichen Utopien («notorische Weltverbesserer»), moralischer Entschiedenheit («Gutmenschen») oder – wie scheußlich! – seelischer Erschütterung («Betroffenheitskult») klingt, haben auch zum Thema Liebe ein so angestrengt herablassendes, um nicht zu sagen demonstrativ flegelhaftes Verhältnis (was ich Jugendlichen gern zugestehe, aber nicht ausgewachsenen Kulturredakteuren und Literaturkritikern), dass ich immer wieder frage, ob ich belustigt, verärgert oder mitfühlend darauf reagieren soll.

Hält man, da wir gerade von tiefen und wahren Gefühlen sprachen, Romantiker wie Novalis oder Bettina von Arnim, die noch etwas von empfindsamer Gedanken*bildung* wussten, neben die Zeitgeistkasper unserer Tage, erübrigt sich jeder weitere Kommentar. Aber man muss natürlich nicht so weit zurückgehen, um Denker zu finden, die den Namen verdienen. Einer von ihnen, dessen Fehleinschätzungen[67] seinen Rang nicht mindern, schrieb rückblickend auf sein Werk und Leben: «Wir sind im tiefsten Verstande die … Instrumente der kosmogenen

Liebe» (C. G. Jung). Liebe, fügte Jung hinzu, sei immer ausgerichtet auf «ein dem Einzelwesen überlegenes Ganzes, Einiges, Ungeteiltes». Auch hier klingt das Ewigkeitsmotiv an. Aber wir kommen nicht weiter, wenn wir dieses «Einige» und «Ungeteilte» als abstrakten Urgrund, eigenschaftslose «allumfassende Gottheit» oder dergleichen definieren. Solche Definitionen sind *schwarze Löcher*, durch die sich in den beseelten und von Geistwesen erfüllten Kosmos eine tröstlich umschriebene Leere hereinstülpt. Es ist nicht einzusehen, warum die Liebe des Menschen, die immer einem *Du* zuströmt, zuletzt im nichtmenschlichen Ungefähren münden soll. Dann wäre es nicht die Liebe des *Menschen*. Aber sie mündet im *Unerfüllbaren*. Sie erreicht die Höhe des Menschenmöglichen nur dadurch, dass sie sich über das Menschenmögliche hinausentwirft.

Es gibt also einen *Begriff des Menschen jenseits des Menschen*, für den uns die Ewigkeitsstimmung in unseren ehrlichsten Liebegefühlen empfänglich macht. *Ich bin selbst* das «überlegene Ungeteilte», auf das ich mich liebend ausrichte; und richte ich mich liebend *darauf aus*, so muss ich mich auch liebend *daraus auf*richten. Ich bin es aber *nicht für mich*, sondern «in der Transzendenz des ‹Für-den-anderen›, die das ‹ethische Subjekt› und damit das ‹Zwischen-uns› begründet» (Lévinas); und ich bin es nicht in der Gewordenheit oder «Gewesenheit» (Heidegger) meiner aufgeschichteten *persona*, sondern in der zukunftsoffenen, zukunftsgerichteten und von Zukunft aufgeladenen Gegenwärtigkeit des «Seins zum Sinn» (Frankl), die wir auch als *trans*personale Identität bezeichnen können. Der Begriff des Menschen jenseits des Menschen bezieht sich auf eine Qualität der Selbst- und Welterfahrung, in der wir uns niemals *aufhalten* als «Angekommene», die also in der körperhaften Vereinzelung niemals zum habituellen Bestand gehören kann, sondern im Gegenteil nur an dessen *Bruch*stellen durchschimmert, obgleich doch alles von ihr ergriffen ist und auf sie hinausläuft, was wir *authentisch*, das heißt aus unserem unkorrumpierten Willens-Wärme-Wesen ersehnen, imaginieren, gestalten. Offensichtlich ist das, was ich *eigentlich will*, das im ungebrochenen Sein nicht Fassbare. Es ereignet sich in Augenblicken der «Selbstlosigkeit des Außer-sich-und-Für-den-Anderen» (Lévinas). Und es ereignet sich in Akten der schöpferischen Überwindung der Bestands- und Wiederholungswelt, die auf jenes «komplexe (Beziehungs-) Kunstwerk» hinauslaufen, das ich eingangs unter dem Begriff Soziale Skulptur als unsichtbaren, aber doch (er-)kenntlichen Bezugspunkt allen *freien* gestalterischen Tuns erwähnte.

Wo immer wir dem Wunsch folgen, das *Zwischen-uns* auf den Menschen jenseits des Menschen hin zu entwerfen und zu gestalten, führt jenes nicht fassbare, an den Bruchstellen der *Du-Evidenz* und der *kreativen Ausschreitung* (wir ahnen schon, dass beides nicht zu trennen ist) herein-«schimmernde» Wesen Regie, das uns uneinholbar überlegen ist und doch zugleich unser innerstes Wollen entfacht. Daraus erklärt sich die oft beschriebene, ebenso paradoxe wie bewegende Erfahrung, dass ich nur ganz bei *mir* sein kann, wenn ich mich *für* den oder die Anderen ausgebe – nicht in falsch verstandener, selbstverleugnender Aufopferung, sondern eben *kreativ*: bemüht um und enthusiasmiert für menschengemäße Gestaltungen im *Zwischen-uns*. Diesem Phänomen versuchen wir uns zu nähern als dem MENSCHEN, der im verkörperten Einzelnen jene eigentliche oder «primäre» Sehnsucht entfacht, durch die er *Liebender* und *Künstler* ist. Schaue ich aber den von Jung gebrauchten Begriff der «kosmogenen Liebe» mit dem MENSCHEN *jenseits des Menschen* zusammen, der wir an der Quelle unserer Sehnsucht (in der Verbundenheit mit dem Engel) *sind* und in der Bestands- und Wiederholungswelt *werden wollen* zum Du hin, erscheint die kosmogene Liebe nicht als leere Gottheit, sondern als Gott, der MENSCH ist, und wir haben unser Denken auf den Punkt zubewegt, an dem es sich von der *Christuswesenheit* berühren lassen kann, ohne augenblicklich auseinander zu fallen.

«Einen Menschen lieben heißt, ihn so sehen, wie Gott ihn gemeint hat», schrieb Dostojewski. Oder: Einen Menschen lieben
heißt, in ihm das sehen, was Gott mit MENSCH gemeint hat.
Das Erscheinen des Gottes *mit menschlichem Antlitz* wieder-
holt sich jedes Mal, wenn *zwischen uns* etwas geschieht, was uns
dem «großen Ziel» näherbringt, «dass in der Zukunft jeder
Mensch in jedem Menschen ein verborgenes Göttliches sehen
soll» (Rudolf Steiner).[68]

«Für Dich»

Beziehungskünstlertum ist ein Wollen, das über die Schwelle hinausweist, vom diesseitigen Standpunkt aus Unmögliches anstrebt, aber doch, auf fernere Ermöglichung gerichtet, hier und heute Hoffnungszeichen setzt.[69] Wenn wir von Liebe sprechen, dann sprechen wir vom «Gerichtetsein einer geistigen Person auf eine andere» (Frankl). Wir sprechen davon, dass «das Antlitz für sich allein Sinn (ist): Du, das bist du» (Lévinas). Auf dieses Motiv der Sinnfindung in reiner, aufmerksamer Hingegebenheit an das, was sich im «Antlitz» des Anderen offenbart, deutete Rudolf Steiner, als er sagte, dass die Menschen, die dafür offen sind, «einen … Impuls aus der geistigen Welt heraus durch ihren Engel empfangen werden, der dahin gehen wird, dass wir ein viel tieferes Interesse an jedem Menschen haben werden, als wir geneigt sind, heute zu haben». Solch gesteigertes Interesse kann uns auffassungsfähig machen für «ein gewisses Geheimnis, was der Mensch ist».[70] In tiefen Liebes- und Freundschaftsbeziehungen, die über längere Zeiträume vom Motiv gegenseitigen Verstehenwollens und – was dasselbe ist – gegenseitiger Hilfe zur Selbstfindung geleitet sind, ist dieses gesteigerte Wahrnehmungsvermögen, das Steiner «mit Bezug auf das äußere soziale Leben» als bewusstseinsgeschichtlichen Qualitätssprung ankündigte und anmahnte, exemplarisch wirksam. Pädagogische, therapeutische und sozialpflegerische Wirkungsstätten sind prädestiniert zur Vorbereitung einer Zukunft, in der ganz selbstverständlich von Mensch zu Mensch walten wird, was heute dem Ausnahmefall echter Freundschaft vorbehalten ist. Es stimmt sorgenvoll zu beobachten, wie sich an eben diesen Wirkungsstätten stattdessen immer mehr der Ungeist eines normativen und «defektivistischen» Menschenbildes durchsetzt.[71]

Interessant ist für unseren Zusammenhang, dass – Steiner zufolge – nicht zuletzt aus dem so genannten *Gesundheitswesen* massive Gegenwirkungen zu erwarten sind, um jenen von Engeln[72] inspirierten Bewusstseinswandel zurückzudrängen: «Man wird das Kranke gesund nennen. – Es wird einem einfach gefallen, was die Menschen nach einer gewissen Richtung hin ins Ungesunde hineinführt.» Welche Tendenzen diese 1918 gestellte Prognose eindrucksvoll bestätigen, haben wir erörtert.

In der kontrastlosen Dauerentspanntheit des «don't worry, be happy» *lieben* zu können ist eine der gefährlichsten Illusionen unserer Zeit, und ebenso sicher, wie konfliktlose Liebe eine Schimäre ist, gilt: Man kann nicht *in der Mitte beharrend* Kreativität entfalten! Der «Peacemaker» schöpft eben gerade *nicht* aus seinem kreativen Vermögen; Appeasement als Lebensprinzip ist Entfremdung vom Ursprung der Sehnsucht und damit der Kunst *und* der Liebe. Nach allem, was wir bedacht haben, kann kein Zweifel bestehen, dass es dieselbe intentionale Quelle ist, an die sich *der Liebende* und *der Gestaltende* anschließen. Der Tranquilizer-Effekt verhindert diesen Anschluss. Er ruiniert die innere Konfliktbereitschaft und Konfliktfähigkeit, die im künstlerischen Geschehen gefordert ist, weil der Gestaltungsakt – im Unterschied zur Verfertigungsprozedur – nur *gegen* die Hindernisse des Daseins im Leib und in der Gewordenheit, nur *gegen* das Umstelltsein von «Realität», nur sich *freikämpfend* aus abgelagerter Zeit vollzogen werden kann.

Nicht anders als in der Liebeswirklichkeit muss auch im «plastischen Tun» (Stüttgen) – Liebe *ist*, wie wir gesehen haben, (beziehungs-)plastisches Tun, und plastisches Tun, das sich auf das Stoffliche oder Begriffliche richtet, *ist im motivationalen Ursprung* Liebeswirken – der «Bruch des Seins innerhalb des Seins» die Öffnung zum MENSCHEN hin schaffen: Es wird etwas in Bewegung gebracht, was sich, wie es Kurt Kusenberg ausdrückte,[73] in einem «magischen Raum» ereignet (wer hätte das eindrucksvoller vorgeführt als Beuys?), nicht also im verlässlichen Raum des Produzierens, Verwahrens und Gebrauchens, nicht im *ausgestatteten* und *bewohnten* Raum, sondern im Meta-Raum der radikalen Un-Erfahrenheit – ich verstehe hier unter «Erfahren» mit Martin Buber die «Funktion», die «Es-Welt … immer wieder konstituiert» und gebrauchsfertig macht zur «Verwendung»[74] –, im Dazwischen (an der *Bruchstelle*), wo nichts existiert, es sei denn, man schüfe es soeben. Das Geheimnis des «plastischen Prinzips als Zeitprinzip» (Beuys) liegt – mit den Worten Stüttgens – darin, dass «das erst Hervorzubringende die Fähigkeit, durch die es hervorgebracht wird, selbst erzeugt, was etwas zunächst nicht Fassbares ist und mit dem Ursprung der Freiheit zu tun hat». Freiheit aber ist eine Kategorie des *Zwischen-uns*, der Menschwerdung unter Menschen. Wie immer man es dreht und wendet: Ich kann nur frei sein in der Du-Bezogenheit, und die Werke, denen ich die Kompetenz verdanke, sie hervorzubringen, sind Dokumente, Variationen, Illustrationen der erst- und letztgültigen intentionalen Beziehung, des «Grundwortes Ich-Du» (Buber).

Für dieses zunächst Unfassliche sich bereitzustellen verlangt *Geistes-Gegenwart*, und dazu bedarf es der Zurückdrängung – Rudolf Steiner sprach von «Paralysierung» – der Bestands- und Wiederholungswelt. Das ist offenkundig eine spannungsgeladene Szenerie! Alles, was «der Fall ist» (Ludwig Wittgenstein), verliert seine Bestimmung, seinen Nutzwert, seine Zugewiesenheit im Augenblick des geistesgegenwärtigen plastischen Zugriffs. Es ist also *nichts mehr der Fall* im «Aufeinanderprall Zeit gegen Zeit» (Stüttgen), außer dass ich MENSCH werde; und vom jeweiligen Ich-Ereignisort aus wird der zerfallene Weltzusammenhang neu komponiert. Das Vermögen und der Antrieb aber, dies zu tun, sind nicht eigen-sinnig, sondern in ihrer Bezogenheit auf den MENSCHEN *du-sinnig*, ganz gleich, ob einem leibhaftigen Gegenüber die katalytische Rolle zufällt oder nicht. *ICH gestalte (M)ICH* —> *in die Welt* —> *für DICH.* So erst ist die «Individuationsformel» vollständig. «Für DICH» (wir werden diesen Aspekt weiter verfolgen) bringt zum Ausdruck das «Wärmewesen ... wobei mit ‹Wärme› als evolutionärem Prinzip seelische Wärme gemeint ist» (Stütt-gen). «Die *durée* aus ‹Zeit und Freiheit›», heißt es bei Lévinas, als Ausdruck der «schöpferischen Entwicklung», ist «Nächs-tenliebe *Hin-zu-Gott.*» Es ist, fährt er fort, das «Antlitz des Anderen, in dem ‹Gott in unser Denken einfällt›.»

Damit haben wir die *Kraft des Eros,* wie sie im «Bewusstseins-seelenzeitalter» (Rudolf Steiner) – engelhaft aufgelichtet – in Erscheinung tritt und zugleich einem «Sperrfeuer der Gegen-mächte»[75] ausgesetzt ist, beschrieben, ohne sie beim Namen zu nennen, und es wird sich nun darum handeln, dieser Kraft oder Qualität weiter nachzuspüren – mit besonderem Augenmerk auf die Entwicklung in den Kindheits- und Jugendjahren und das Erwachen der Sexualität.

Teil III
Eros als Qualität des Verstehens

Symbiose und Entzweiung

Am Beginn des körperhaften Seins eines jeden Menschen steht ein Zustand symbiotischer Verwobenheit mit einem anderen und in gewisser Hinsicht *eben doch noch nicht «anderen»* menschlichen Wesen, nämlich mit der Mutter. So fängt es an. Dieser Zustand hat mit *Liebe* noch recht wenig zu tun. Liebe kann sich nur in Freiheit ereignen als der beziehungssuchende und beziehungsgestaltende (Wärme-)Wille,[76] der *aus der Einsamkeit* hinströmt zum *Anderen*.[77] Den Anderen *in seiner Andersheit* verstehend zu berühren und an dieser Berührung sich zu entzünden macht ja den Zauber aus, den wir Liebe nennen. Es verdient in der Tat die Bezeichnung «Zauber», dass es möglich ist, aus der Egoität des in sich gespiegelten Seins aus- und aufzubrechen in die Souveränität der offenen *individuellen* Begegnung und den *Zwischen-Raum füreinander* zu eröffnen (Gestaltungsfeld ⟷ Wärmefeld).

Der selbstreflexive Spiegel zeigt mir nur die Beschichtungen meiner Gewordenheit, die *Maske*, nicht aber – um auf Dostojewski zurückzukommen –, *wie mich Gott gemeint hat.* Als der von Gott Gemeinte spreche ich «Du», und die Resonanz im *Zwischen-Raum* – das «Menschenbeben» (Robert Jungks unvergeßssliche Begriffsschöpfung) – gibt mir Kunde, wer da wirklich spricht: Ich, unmaskiert.

Dass und inwiefern Liebe Selbstüberschreitung ist, haben wir besprochen. Aber Selbstüberschreitung heißt nicht Ich-Auflösung oder Rückkehr in die vorindividuelle Eingebundenheit. Im Gegenteil. Die Behauptung, Liebessehnsucht sei Verschmelzungssehnsucht, beruht auf ungenauen Beobachtungen. Liebe in der Verschmolzenheit wäre widersinnig – wenngleich eine

Liebesbeziehung Raum dafür schaffen kann, sich der Verschmelzungssehnsucht zu überlassen, ohne in unannehmbare Abhängigkeit zu geraten. Viele Beziehungen gehen daran zugrunde, dass man dies verkennt. «Darin besteht die Liebe: Dass sich zwei Einsame beschützen und berühren und miteinander reden» (Rilke). Es *gibt* also zwar eine Sehnsucht – oder besser gesagt eine Begierde – nach Verschmelzung, aber man darf sie nicht mit der eigentlichen Liebessehnsucht verwechseln. Diese richtet sich auf *Befreundung* (*Freund* ist etymologisch vom althochdeutschen *fri-ond* abgeleitet, und die Silbe *fri* bedeutet *frei*) und weist, insofern sie *ein Gestaltungsfeld eröffnet*, in die Zukunft; ihr innerstes Motiv ist die Vollendung der Individuation in der Du-Bezogenheit, mithin die Bewahrheitung dessen, was der Begriff *Würde* verheißt; jene richtet sich – vergangenheitsorientiert – darauf, die Individuation umzukehren, also die individuelle Gestalt, die sich aus dem Weltzusammenhang ausgegliedert hat (wie anders sollte kreativer Zu-Gang möglich sein!) zurückzuführen *vor* die körperhafte Vereinzelung, der die Bewusstwerdung der seelischen Vereinzelung folgte. Offensichtlich zielt dieses Begehren qualitativ auf einen Zustand, der dem embryonalen Verwobensein zweier *ineinander* lebender Organismen sehr ähnlich ist. Wir müssen also unterscheiden zwischen dem Drang nach selbstvergessener, ausgelieferter Nähe und der Sehnsucht nach Befreundung, das heißt Selbstbewahrheitung in der Du-Bezogenheit oder, was dasselbe ist, Du-Bewahrheitung durch wirkliche individuelle Präsenz.[78] Das du-gerichtete *Füreinander* setzt Getrenntheit voraus und ist somit unverträglich mit dem symbiotischen *Ineinander*.

In der Embryonalzeit ist der Mensch umhüllt, geschützt und natürlich auch in höchstmöglichem Maße *abhängig*. Es gibt später nie wieder einen vergleichbaren Zustand maximaler Geborgenheit bei gleichzeitiger existenzieller Abhängigkeit (in einem bestimmten Stadium schwerer Betäubungsmittelsucht ist diese Verfassung übrigens am ehesten wieder erreicht: das tiefe

Geborgenheitsgefühl im Rausch, die existenzielle Abhängigkeit vom rauscherzeugenden Stoff, der gewissermaßen die Funktion des mütterlichen Organismus übernimmt). Halten wir fest: Solches totales Umhüllt- und Aufgehobensein ist nur in ebenso totaler Unfreiheit möglich. Wir wünschen uns mit einem Teil unseres Wesens dorthin zurück, aber *dieser* (regressive) Weg der Grenzüberwindung ist versperrt, und künstlich herbeigeführte Ersatzlösungen führen nicht nur nicht zum Ziel, sondern haben in aller Regel fatale Konsequenzen.[79] Das ist ein Aspekt der existenziellen Tragik, ohne Zweifel. Aber man braucht die Angelegenheit auch nicht unnötig aufzubauschen. Es gibt Erschütternderes als die Tatsache der Unumkehrbarkeit der Individuation; und der Fruchtblasenkult, der von einigen Psychosektierern veranstaltet wird, ist durchaus fehl am Platz. Mit der nötigen Gelassenheit kann festgestellt werden, dass es einen untergründigen vergeblichen Wunsch der Menschenseele nach Heimkehr in die embryonale Selbstvergessenheit gibt und dass dieser Wunsch – der immer dann anklingt, wenn wir umhüllt, versorgt, von aller Last befreit, *grenzenlos* zufrieden und der Verantwortung für uns selbst enthoben sein wollen, aber auch wenn wir so erschöpft und müde sind, dass es nichts Verlockenderes mehr gibt als den Schlaf – in einem *widersprüchlichen* Verhältnis zu den Motiven der *Sehnsucht an sich*, nämlich Liebe und Freiheit, steht; diese müssen anderen Ursprungs sein.

Betrachtet man die *Dynamik* der vorgeburtlichen Mutter-Kind-Symbiose, wird sofort deutlich: Von Anfang an treibt dieser Zustand *aus sich heraus* auf eine Trennung, auf eine *Spaltung* zu. Die Spaltung ist vorentschieden. Manchmal muss man auf das Selbstverständliche wieder ganz neu aufmerksam werden, um es in seiner wirklichen Bedeutung zu erfassen. Die Entwicklung des Kindes im Mutterleib ist einerseits ein Reifungsgeschehen, andererseits aber auch ein Spaltungs- oder sagen wir: Entzweiungsgeschehen. Wenn wir unterstellen, dass darin vonseiten der Mutter *und* des Kindes ein *intentionaler* Faktor enthalten ist, dass es sich also nicht nur um einen Naturprozess handelt, sondern auch um etwas, was Mutter und Kind zuinnerst *wollen* (das setzt die Grundsatzentscheidung voraus, dem *Menschen* zuzugestehen, dass er von Anfang an als geistig-seelisches Wesen *bejahend* teilnimmt an den Reifungsstadien, die er, dem biologischen «Programm» folgend, durchläuft[80]), dann kann uns vor Augen stehen: In der Mutter wirkt während der Schwangerschaft von vornherein zielstrebig der Wille, das Kind zu *vertreiben*; im Kinde wirkt ein nicht minder zielstrebiger Drang, der Symbiose zu *entfliehen*, sich zu *ent-binden*. Mutter und Kind sind einander während der Embryonalzeit in gewisser Hinsicht nicht sonderlich gewogen. Und das ist gut so. Denn es widerspräche fundamental dem Wesen des Menschen, in einem solchen Zustand des existenziellen *Ineinander* zu verbleiben. Heute wird dieses Problem viel deutlicher empfunden als in früheren Zeiten, was mit dem Bewusstseinswandel der Moderne zusammenhängt und im Prinzip durchaus seine Richtigkeit hat.[81]

Lassen wir jetzt die Frage beiseite, ob das alles nicht schon auf den primitivsten Stufen der Zellteilung ganz natürlich angelegt sei und wie es sich bei den *Tieren* verhalte, denen doch kaum eine Entzweiungs-*Intention* nachgesagt werden könne. Dieselben Vorgänge, die sich bei Kaninchen oder Kühen rein biologisch vollziehen, müssen beim Menschen unter dem Gesichtspunkt der *Individualisierung* betrachtet werden, sonst klammerte man ja bei der Urteilsbildung *den* zentralen Unterschied zwischen Menschen- und Tierseele aus, was höchst unwissenschaftlich wäre. Dann aber sind es eben trotz äußerlicher Ähnlichkeit *nicht mehr* dieselben Vorgänge.[82] Unter dem Gesichtspunkt der Individualisierung aber gilt, dass in der *condition humaine* eine intentionale Grundkraft angelegt ist, die zeitlebens immer wieder dem Drang nach Verschmelzung sich widersetzt und mit der zwiefältigen Ur-Sehnsucht nach Freiheit (Kreativität) und Liebe zusammenhängt;[83] und dass diese Kraft, die eigentlich darauf gerichtet ist, dem Anderen *von Angesicht zu*

Angesicht gegenüberzutreten (erst dann ist Liebe möglich!), *von Anfang an* dominiert, das heißt schon in der Schwangerschaft wirkt als entzweiende Dynamik zwischen Mutter und Kind, die schließlich zur *Ent-bindung* führt.

Hier haben wir wiederum ein Konfliktfeld vor uns, das nicht zu umgehen ist auf dem Weg der Menschwerdung. Einerseits wirkt das Begehren nach Totalität des Verbundenseins (Symbiose, Verschmelzung) wie eine wehmütige Erinnerung an die Vor-Zeit des Noch-nicht-bei-sich-Seins. Andererseits macht sich jener letztlich stärkere zukunftsgerichtete Wille geltend, auf den wir ruhig den geläufigen Begriff Autonomiestreben anwenden dürfen, wenn wir dabei nicht vergessen, was uns nach allem bisher Gesagten deutlich vor Augen stehen müsste: dass das Grundmotiv des menschlichen Autonomiestrebens, auch wenn das heute weitgehend verkannt wird, die Entfaltung sozial-emotionaler und künstlerisch-gestalterischer, also zusammengenommen *sozial-künstlerischer* Kompetenz ist. Dass dazu auch und besonders die *ideenbildnerische* Kraft des Denkens gehört, hat besonders Joseph Beuys immer wieder hervorgehoben. Das Autonomiestreben also eröffnet die Sinnperspektive zum Du hin, ermöglicht Beziehung in die Zukunft, schafft Zukunft durch Beziehung. Es klingt paradox: Erst die *vorbehaltlose Entzweiung* bzw. Ver-Einsamung lässt uns zur Beziehungsfähigkeit reifen! Verschwindet das *Ich-Du*, das gestaltende Von-Angesicht-zu-Angesicht, wobei das Angesicht des Anderen eben auch ein verinnerlichtes sein kann, in der *Wir*-haftigkeit der Bestands- und Wiederholungswelt,[84] entstehen Verhältnisse der regulierten gegenseitigen Be-, Aus- und Abnutzung, in denen *Liebe* nicht wachsen kann. Was Viktor E. Frankl über die «Masse» sagt, gilt für jede Art von verschmolzener Beziehung: Sie «duldet keine Individualität, geschweige denn, dass die individuelle Existenz in ihr eine Sinnerfüllung finden könnte». Denn solche Sinnerfüllung ist, wie wir gesehen haben, ihrem Wesen nach *der du-gerichtete Selbstentwurf aus der Einsamkeit auf den* MENSCHEN *hin*.

Individuationsumkehr

Wir haben die Schwangerschaft beziehungsweise Embryonalzeit an den Anfang gestellt und als einen Zustand des symbiotischen Ineinander charakterisiert, der auf *Entzweiung* und
damit auf die Eröffnung des Gestaltungs-(zwischen-)raumes
füreinander angelegt ist. Aber dieser Zustand tritt ja nun be-
kanntlich nicht zufällig ein. Er ist das Ergebnis eines sexuellen
Aktes. Wenn wir das, was zwei Menschen zur sexuellen Vereinigung veranlasst, wiederum nicht nur als biologischen Fortpflanzungstrieb mit eingebauter hormoneller Hochgenuss-
Funktion auffassen und einmal dahingestellt sein lassen, ob es
wild-animalische oder erhaben-kosmische Energien (oder beides) sind, die sich da unserer bemächtigen, sondern vor allem
die im Wortsinne *leidenschaftliche* seelische Dimension berücksichtigen, dann zeigt sich: Es wirkt da eben jenes Streben
nach Reversion der Vereinzelung, von dem die Rede war als
von einer vergangenheitsgerichteten Begierde nach *Entgrenzung* und Verschmelzung. Der «Einzige» (Max Stirner) stellt
«sein Eigentum» – bei Stirner in der Bedeutung von «indivi-
duellem Sein» – zur Disposition, indem er dem dunklen
Wunsch – darin liegt keine Wertung, sondern «dunkel» kenn-
zeichnet nur den Gegenpol zur *Bewusstseinshelligkeit* – nach-
gibt, sich aufzugeben in der Umschlingung des anderen Leibes.
Nicht die *trans*personale Identität, das höhere Selbst, das nur in
offener Mutualität aufleuchtet, sondern das *prä*personale
Keimstadium des körperhaften Seins lockt. Es bricht sich also
die Sehnsucht nach der unwiederbringlichen vorgeburtlichen
Geborgenheit Bahn im sexuellen Ereignis. *Für sich genommen*
und objektiv betrachtet ist Sexualität nicht mehr und nicht

weniger als eine schmerzlich-lustvolle Regression im Rahmen einer stammesgeschichtlich ererbten biologischen Funktion[85] – wobei man nicht vergessen darf, dass biologische Funktionen keine Lappalien, sondern etwas ausgesprochen Staunenswertes und auch heute noch Geheimnisvolles sind. Es ist daher ganz unangebracht, um diese Angelegenheit einen Kult zu veranstalten oder sie sexualmystisch aufzublasen nach dem Motto: Fruchtblase = Paradies, ergo Sex = Gottesdienst, und so weiter.

Ebenso unangebracht wäre ein irgendwie geringschätziges Urteil. Der noch längst nicht überwundene philiströse Vorbehalt gegen das *Lustvolle* an der Sexualität, der Assoziationszusammenhang mit den Mächten des Bösen, in den man sie, was ihre lustvolle Seite betrifft, gestellt hat, mithin der pseudomoralische Imperativ, sie auf die Fortpflanzungsfunktion zu reduzieren, also zu biologisieren, hat viel dazu beigetragen, dass sie tatsächlich mehr und mehr zum Schauplatz von «Mächten des Bösen» wurde.[86] Die Sache muss mit spiritueller Objektivität betrachtet werden, ohne jede Überbewertung, ja überhaupt ohne Wertung nach der einen oder anderen Seite hin.

Die imponierendste Erscheinungsform der latent immer und in jedem Menschen vorhandenen Verschmelzungsbegierde, die sich im Kern auf das präpersonale leibliche Sein richtet, ist das, was man Psychosexualität nennen kann, was sich sozusagen in *unmittelbarer* seelischer Nachbarschaft zur körperlichen Sexualität beim Menschen abspielt. Aus der Getrenntheit finden zwei Einzelne zueinander und verbinden sich, dem schmerzlich-lustvollen Begehren nach *Umkehr der Individuation* folgend, in einem Akt der tendenziellen Auflösung der Körper- und Seelengrenzen; und das Ergebnis dieses Ereignisses ist, sofern die Natur nicht durch Verhütungsmittel oder verhütende sexuelle Spielarten überlistet wird,[87] eine Schwangerschaft. Dieses erste ontogenetische Stadium vollzieht sich im Zustand des nicht nur tendenziellen, sondern *faktischen* Vereint- bzw. Verschmolzenseins zweier Körper und Seelen, die aber *sogleich* wieder zur Entzweiung drängen. Was in der Sexualität gesucht, aber letztlich nie gefunden wird,[88] *erfüllt sich* in der Schwangerschaft als Prolog einer neuen Lebensgeschichte: Anbruch einer Zukunft. Dass zwei Einzelne sich der regressiven Begierde nach dem *selbstvergessenen Ineinander* überlassen, steht in direktem Zusammenhang mit dem Ereignis der Verkörperung einer Individualität, die ihrerseits zunächst durch das Dunkel solcher Selbstvergessenheit hindurch muss, um später *sich* (wieder) zu finden im Gewahrwerden des Du.[89] Ich schlage vor, dass wir uns mit dem Bild vertraut machen, die sexuelle Begegnung zwischen Mann und Frau[90] setze gleichsam atmosphärisch etwas frei, was für eine an der Schwelle Ausschau haltende, verkörperungsgewillte Seele *Signalwirkung* hat. Durch das auf *Entgrenzung* gerichtete sexuelle Ereignis entsteht eine *Öffnung* zur Welt der begrenzten Wesen und Dinge. Man kann das als Wahrbild für den inneren Aspekt des Empfängnisgeschehens (von Sonderfällen der bloßen Instrumentalisierung, Erzwingung oder versehentlichen Auslösung der biologischen Funktion sehen wir jetzt ab[91]) oder als Metapher nehmen. Nimmt man es als Wahrbild, wird sich das Bedürfnis einstellen, den Ereignissen, von denen das Bild kündet, etwas näher zu treten. Den Versuch eines stringenten Denkweges zum «biografischen Empfängnispunkt» (der Schwellensituation «vor» der biologischen Empfängnis) habe ich an anderer Stelle unternommen.[92] Ich setze also voraus, was ich dort, bezugnehmend auf Rudolf Steiner, über die präkonzeptionelle *individuelle* Existenz ausgeführt habe, und beschränke mich hier auf eine verkürzte, eher aphoristische Ausdrucksweise.

Ungeboren geboren

In einem rein geistseelischen Seinszustand, den wir philosophisch *substanziell* – im Unterschied zur *akzidenziellen* physischen Erscheinung – nennen können,[93] wartet der zum Schwellenübertritt Bereit-Willige, der *Ich-werde*, in den *der Fragende vor allen Antworten, der Suchende vor allem Gefundenen, der Gestaltende vor aller Gestaltetheit* eingeschlossen sind, und «erblickt sich selbst, den aus dem Entstehen Entstehenden» (Herbert Witzenmann) als Zukunfts-Hoffnungswesen. Zukunfts-Hoffnungswesen heißt: «das Wesen, welches, indem es sich seinen eigenen Sinn gibt oder ihn verfehlt, der Welt ihren Sinn gibt oder nimmt» (Witzenmann). Dieses Wesen ist *im Aufbruch*, also in der Über-Zeit, aus der die vergehende Zeit strömt und in der sie sich sammelt, in der Sekunde «vor» der ersten *vergangenen* Sekunde des zu gestaltenden Lebens, ganz erfüllt von der *Sehnsucht an sich* (sie ist das Substanzielle), die wir untersucht haben, erfüllt also von der Geistes-Gegenwart des MENSCHEN, von dem also, was Emmanuel Lévinas die »Perspektive der Heiligkeit» nannte und was ihn dazu veranlasste, «kein bisschen theologisch» festzustellen: «Die Liebe ist das Ursprüngliche.» Ist aber die Liebe das Ursprüngliche – wir fügen hinzu: das, was «vor» der Verkörperung den *Entschluss zur Verkörperung*, in der Über-Zeit den Entschluss zur Zeitigung erlöst –, dann ist *Freiheit* das im Ursprung Mitenthaltene, denn lieben *müssen* ist Unsinn. Alles kann möglicherweise lieblos getan werden, nur nicht, *was ich wirklich will*.

Die unbedingte Zusammengehörigkeit von Liebe und Freiheit wiederum verweist auf das zweite im Liebe-Ursprung Mitenthaltene: das *kreative Auf- und Angefordertsein*. Freiheit –

das haben wir gesehen – macht nur Sinn als *Gestaltung*sfreiheit. Damit stoßen wir wieder auf die «Individuationsformel»: *Ich gestalte (M)ich* —→ *in die Welt* —→ *für Dich.* «Alle Menschen sind füreinander verantwortlich, und ich mehr als alle anderen» (Lévinas). Die Gewissheit, die darin zum Ausdruck kommt, richtet sich als Sehnsucht zeitigend, Zukunft erschließend in den Erdenraum und trifft dort auf das Ereignis des *selbstverges-senen Ineinander* zweier Menschen, die sich für diesen Augen-blick zurückwenden zu den Anfängen ihrer *körperhaften* Exis-tenz. *Ein Licht in der Dunkelheit!* Stellen wir uns im Zentrum des physischen Keims eine Lichterscheinung vor, einen Licht-*punkt* – wir geraten damit gar nicht in Widerspruch zur Natur-wissenschaft –, aus dem sich die menschliche Leibesgestalt aus-faltet als lebenerfülltes Bild der *Sehnsucht an sich*, man könnte auch sagen: als figurativer (plastischer) Ausdruck der Sehnsucht des Menschen nach dem Menschen. Sie ist das uns allen Ge-meinsame und will sich doch in jeder Biografie auf einzigartige Weise darleben. Stellen wir uns auf der einen Seite also, einge-senkt in den physischen Keim, diesen Licht*punkt* vor, der die Anlage zur Bildung der menschlichen Gestalt in sich trägt, und auf der anderen Seite die Licht*quelle*, das einstrahlende Licht, das sich in dem Punkt sammelt; und stellen wir uns weiter vor, dass in diesem Licht sozusagen zwei «lichtende», gestaltende Qualitäten vereinigt sind, dass nämlich der Vorgang, den wir jetzt bildhaft, allerdings sehr konkret bildhaft, zu fassen versu-chen, zwei Aspekte hat: einen *menschheitlich*-zukünftigen und einen radikal *individuellen*, das heißt ganz in der singulären schöpferischen Potenz, im Ich-Geheimnis wurzelnden, von dem der Mensch als *Ausdruckswesen* durch seine freien, zu-innerst bejahten Taten kündet.[94] Die ungeborene Seele wird des menschheitlichen Zukunftsbildes teilhaftig, dem sie ihre indivi-duelle Geste einfügen will. Sie ist geführt von der Sehnsucht, sich auf den Menschen hinzuentwerfen als eine unwiederhol-bare Möglichkeit Seines Erscheinens.[95]

Wenn wir uns in dieses Bild vertiefen, kann uns zum inneren Erlebnis werden, was – unklaren Ahnungen folgend – häufig als *höheres Selbst* apostrophiert wird (ich sprach von der *transpersonalen Identität*[96]). Bei vielen esoterischen Schilderungen fällt ja auf, dass das höhere Selbst mit dem aufgeblähten Ego verwechselt wird. Das liegt einerseits daran, dass das Denken des Menschen über den Menschen, wie es sich im 20. Jahrhundert entwickelt hat, hochgradig narzisstisch beirrt ist, und andererseits an einem kardinalen inhaltlichen Denk*fehler* leidet, nämlich an der Verkennung der *Gegenläufigkeit* individualistischer (gestalterischer, schenkender, du-sinniger) und egoistischer (vereinnahmender, gebrauchender, eigen-sinniger) Antriebe. Davon war ja oben schon die Rede: Gesteigerte Egoität, in welchem Ausmaß und mit welcher Absicht auch immer, ist gleichbedeutend mit verminderter individueller (sinnbezogener) Präsenz, obwohl es natürlich eine unerlässliche egoistische Funktion gibt, die erst nach und nach reduziert werden kann, so man sie überhaupt reduzieren will. Wenn wir vom höheren Selbst sprechen, ist nichts anderes gemeint als das aus dem Raum der Ungeborenheit oder Über-Zeit hereinstrahlende Lichtwesen, welches sich zunächst als *geistige Kompetenz zur individuellen Realisierung der allgemeinen Menschengestalt* in den physischen Keim einsenkt, fernerhin biografische Kontinuität als Sinn-Erfahrung sichert – das heißt Hoffnung weckt; nicht Hoffnung *auf dies oder das*, sondern reine, unbebilderte Hoffnung, die sich von Fall zu Fall *auf dies oder das* richtet, aber nie eigentlich *dies oder das* meint – und Beziehung ermöglicht als zeitigendes, Zukunft erschließendes Bewusstsein des *Ich werde am Du*.

Unverfälscht kommt diese Qualität zum Ausdruck in allem, was wir *frei vollbringen* aus der Kraft und dem Vermögen der auf den MENSCHEN gerichteten Ur-Sehnsucht, die uns, wir haben davon gesprochen, aufruft «zur sozialen Mitgestaltung der Zukunft» (Beuys), zur Mitwirkung an der Sozialen Skulptur.

Hoffnung ist im Kern nichts anderes als eben dieses Aufgerufensein. Namentlich der Teil unseres Wesens, durch den wir uns veranlasst fühlen, in die sozial-zwischenmenschlichen Bezüge unsere Fähigkeiten konstruktiv, das heißt sinnstiftend, einzubringen, also eigentlich uns als Liebende einzubringen – sei es offensiv, weithin vernehmbar, sei es ganz im Stillen; die wahre Bedeutung einer Biografie für den Kulturprozess bemisst sich nicht nach Lautstärke beziehungsweise vordergründigem öffentlichem Aufsehen –, bleibt zeitlebens *ungeboren*. Wir sind in Bezug auf das, was wir aus dem Dreiklang «Liebe – Kreativität – Freiheit» erstreben und vermögen, genaugenommen gar keine Erdenbürger, obwohl wir gerade kraft dieses Vermögens *die Erde bilden*. «Der Mensch», sagte Rudolf Steiner, «muss die Erinnerung an das, was er sein kann, … wachrufen», und wenn wir dies als Bedürfnis verspüren, «dann werden wir unseren inneren Menschen freimachen wollen, gleichsam losreißen von seiner Gebundenheit an den äußeren Menschen.» Als «äußerer Mensch» bin ich der Bedingungswelt, der *vergehenden, alternden Zeit* unterworfen; der innere, «losgerissene» Mensch bürgt für die *beseelte und geisterzeugte, Bedingungen umschaffende Zeit*, durch die sich so etwas wie Geschichte mitsamt der Frage nach Sinn und Ziel derselben überhaupt erst ereignen kann. Aus seinem der «Es-Welt» sich vorenthaltenden geistigen Wesenszentrum heraus will *jeder* Mensch die Bestands- und Wiederholungswelt aufbrechen und durchdringen mit der «Kraft, vermöge deren allein (er) im Geist leben kann» (Buber).

Wir dürfen diese motivationale Urkraft nach allem zuvor Gesagten jetzt *allgemeine Menschenliebe* oder *Nächstenliebe* nennen, ohne fürchten zu müssen, dass wir auf das Glatteis pastoraler Unverbindlichkeiten geraten. Das Bild vom Licht-Ereignis der Empfängnis wäre dahingehend zu vervollständigen, dass wir das in die Körperhaftigkeit einstrahlende und dort wie in einem Kraftzentrum sich sammelnde Licht als das gewöhnliche, alltägliche Selbst-Bewusstsein identifizieren, das – in der Gebundenheit an den «äußeren Menschen» – stets die Tendenz hat, sich egoistisch zu verkapseln. Dieses Licht ist zum Verlöschen, dieses Energie- oder Bewusstseinszentrum zum Zerfall oder doch wenigstens zur fortschreitenden Erschöpfung verurteilt, wenn es nicht immer wieder durchkraftet, durchstrahlt wird aus jener Quellregion der Ungeborenheit heraus. Dort, im Du-gerichteten höheren Selbst, das unter der Obhut des Engels bleibt – in der Geistes-Gegenwart des MENSCHEN –, urständet die *Sehnsucht*, und je mehr wir uns darauf besinnen, unserer Sehnsucht zu folgen, *also zu tun, was wir eigentlich wollen*, desto weniger sind wir als geistig-seelische Wesen der alternden Zeit unterworfen und der Bedrohung des Sinnverlustes ausgesetzt (nirgends ist meines Wissens eindrucksvoller beschrieben worden, dass es in *jeder* Lebenslage möglich ist, sich auf einen Sinn auszurichten, als in Viktor E. Frankls Bericht ... *trotzdem Ja zum Leben sagen*[97]); dort liegt der *gemeinsame Ursprung von Kreativität und Zärtlichkeit*. Mit Zärtlichkeit ist zum einen jenes schon erwähnte Du-sinnige Auffassungsvermögen für die *Wesenseigentümlichkeit* und *besondere Bedürftigkeit* des Anderen «hinter der Maske» gemeint, im weiteren die Behutsamkeit des *Tuns füreinander*, des Zwischenraum-Gestaltens, wobei *alles* in Betracht kommt, was der Mensch dem Menschen oder der Menschlichkeit zuliebe tut, in Wort und Tat, im Kleinen und im Großen, als Ideen-Werk, Hand-Werk oder Liebeszeichen Haut an Haut.

Wir begegnen im Zeitalter der «Bewusstseinsseele» (Steiner), in dem es möglich wurde, auszusprechen: «Jeder Mensch ist ein Künstler», der universellen Kraft des EROS als einer verwandelten, sozusagen ihre Rolle im Weltgeschehen neu interpretierenden, und doch die «alten» Attribute nicht verleugnenden Gottheit: als einer gestaltungsmächtigen Qualität des Verstehens oder verstehensmächtigen Qualität des Gestaltens, die uns auffassungsfähig macht für die «ethische Transzendenz, (in der) Sehnsucht und Liebe sich als vollkommener (erweisen) denn

Befriedigung» (Lévinas). Es ist dies, so Martin Buber, eine *hei-lende* Kraft, über die «nur der gegenüber Lebende und doch Entrückte» verfügt. Die Entrücktheit als Attribut des alten Eros bleibt als Hingabefähigkeit erhalten und verbindet sich mit dem Heil-Impuls der *«verstehenden Bewahrheitung»*[98] von Ange-sicht zu Angesicht, das heißt mit dem Wunsch und Vermögen, Individuationshelfer des Anderen zu sein: ihn zu *würdigen*. Diese Verbindung gebiert den neuen Eros des Beziehungs-künstlertums. Der Dissens zwischen Autonomiestreben und Selbstüberschreitung zum Du ist darin aufgehoben: Das eine bedingt und bekräftigt das andere.

Ich-Überkreuzung: Eros und Sexus

Die gestaltungsmächtige Qualität des Verstehens erlaubt uns, die Sexualität nun in einem anderen Licht zu betrachten, als wir es vorhin getan haben. Was ich als regressives Begehren im Rahmen einer ererbten biologischen Funktion bezeichnete, das ist ja nur *ein* – und noch nicht einmal der wesentlichste – Aspekt. Er dominiert nur dann, wenn sich die Sexualität *abspaltet* vom inneren Menschen, wenn sie nicht aufnimmt das Motiv der Würdigung des Anderen, in dem immer auch und besonders der Wunsch mitschwingt, zu *schenken*, *sich* zu schenken, den «magischen Raum» zu eröffnen, wo die paradoxe Regel gilt, dass *Selbst*entdeckung Ein-Fühlung in das Du bedingt. Wer sich der abgespaltenen Sexualität überlässt, fühlt und handelt dumpf-egoistisch, hab-gierig und verständnislos. Daran ändert die ganze Wildnis-Romantik nichts, die allenthalben aufgeboten wird, um das Allerbanalste, nämlich den Hang zur Pornografie, heilig zu sprechen. Unterleibsgesteuerte Frauen und Männer sind keine Revolutionäre der Sinnlichkeit, sondern reduzierte, in hohem Maße unfreie Persönlichkeiten, denen buchstäblich das Herz in die Hose gerutscht ist. Dem genitalen Zwangscharakter geht das Gespür für den Anderen, die Du-Sinnigkeit, verloren. Er ruiniert seine sozial-emotionale Intelligenz und liefert sich nach und nach dem spezifischen Schwach-Sinn aus, nicht mehr wirklich *wahr*nehmen zu können, dass die Gebilde, deren er sich «bulimisch»[99] bemächtigt, menschliche Wesen sind.

Die erotisch aufgeladene und sensibilisierte Sexualität hingegen lässt das kleine, gefräßige Ego hinter sich und eröffnet den *Zwischen*-Raum, die *Zwischen*-Zeit für Augenblicke der Epiphanie des großen, unverstellten, ungeborenen ICH, welches sich im verstehenden Hingegebensein nicht etwa verliert, sondern erst bewahrheitet. «Wenn wir nicht ausgehen von einem Grundtatbestand menschlichen Daseins, der Tatsache nämlich, dass *menschliche* Sexualität immer auch schon mehr als *bloße* Sexualität ist, und zwar in dem Maße, in dem sie Ausdruck ist für eine Liebesbeziehung» (Frankl), dann bleibt uns die im Grunde unbeschreibliche Erfahrung der, ich möchte sagen, *Ich-Überkreuzung* vorenthalten, die sich in der liebegetragenen sexuellen Kommunikation, aber nicht *nur* dort, auf sehr direkte, ergreifende Art einstellen kann, *sofern* wir der «Gefahr einer Entindividualisierung der sexuellen Beziehungen» (Irenäus Eibl-Eibesfeld) entgehen: Ich kann mich nur *im Anderen* finden, und indem dies geschieht, werde ich zum Schauplatz *seiner* Selbstfindung.

Durchglüht und durchlichtet vom Eros der Bewusstseinsseele kommt dem Sexus weder das leidenschaftliche noch das genussvoll-verspielte Element abhanden, aber diese werden auf eine Stufe heraufgehoben, wo eben die Ich-Überkreuzung des intuitiven Verstehens stattfindet und das Motiv des Schenkens dasjenige des Selbstgenusses in den Hintergrund drängt. Hier stellt sich etwas Ähnliches ein, wie es ehedem in der mystischen Innenschau gesucht wurde («In der Tat», schrieb auch José Ortega y Gasset, «das mystische Erlebnis ist … der Verliebtheit ähnlich (als) Aufmerksamkeitsphänomen (und) ‹Zustand der Gnade›»): die nicht mehr im alten Sinne mystische, wohl aber transzendente, nicht mehr introversive, sondern Du-sinnige Erfahrung des «göttlichen Funkens» als sinnlich-geistige Gegenwärtigkeit der *Würde des Anderen*, deren (Be-)Greifbarkeit mich in *meine* Würde erhebt: Ich bin meiner selbst nur würdig durch Dich.

Im Antlitz des Anderen fällt Gott in mein Denken ein. Lévinas' engel-inspirierter Satz beschreibt ein Ereignis, das, wenn es in die erotisch-sexuelle Sphäre eintritt, den Widerspruch zwischen dem Drang nach Individuationsumkehr (Sexus) und der Du-gerichteten Seins- und Selbstüberschreitung (Eros) aufhebt. Wo die gegenläufigen Begehrensströme übereinander schlagen, greift das Wärmewesen ein, durch das die Ungeborenen einander gewahr werden. Transzendent ist diese Erfahrung, weil der MENSCH *jenseits des Menschen* ins Bewusstseinsfeld einstrahlt beziehungsweise das Bewusstsein sich weitet zum intuitiven Auffassungsvermögen für das, was Gott mit MENSCH gemeint hat. Der Unterschied zur überkommenen mystischen oder traumhaft-visionären Eingebung besteht darin, dass es sich erstens, wie gesagt, nicht um Introspektion handelt, sondern um Ausrichtung und Steigerung aller Sinne auf den Anderen hin; zweitens das Bewusstsein des Gegenüber oder Zwischen auch in der Entrücktheit nicht erlischt, sodass «eine Periode der ‹unio›, des Hinüberströmens ein(tritt), in der jeder die Wurzeln seines Seins in den Partner verlegt und … von ihm her lebt, denkt, wünscht, handelt» (J. Ortega y Gasset), aber diesen Blick-Wechsel eben beide Beteiligten *selbst* ins Werk setzen als einen *Gestaltungs*akt; drittens das zentrale Motiv des *Schenkenwollens* als *Aufmerksamkeitskraft* selbst in den Augenblicken wirksam bleibt, in denen die letzten trennenden Vorbehalte verglühen. Wir sind paradoxerweise dazu fähig, gegenüber und doch ineinander entrückt, aufmerksam im *Zwischen-uns* und doch völlig hingegeben zu sein.

Das ist die konkrete Utopie vermenschlichter Sexualität im Zeitalter der Bewusstseinsseele. In dieses Geheimnis weiht uns der neue Eros ein. An die Stelle blinder Hingabe will die sehende treten, die gleichwohl uneingeschränkt Hingabe bleibt. Es ist möglich, bei voller, ja *gesteigerter Wachheit hineinzuschlafen* in die unverkennbar (!) andere Ich-heit. Deshalb kann die vom Eros durchlichtete Sexualität heute geradezu ein Erkenntnisweg sein. «Es entfällt mir der Mut», schrieb Carl Gustav Jung, «jene Sprache zu suchen, welche die unabsehbaren Paradoxien der Liebe adäquat auszudrücken vermöchte. Eros ist ein kosmogonos, ein Schöpfer ... aller Bewusstheit.» Es handelt sich um einen *Erkenntnisweg der Zärtlichkeit* in der eigentlichen – nicht umgangssprachlich vereinfachten – Bedeutung des Wortes. Zärtlichkeit ist Haltung, Gestus, Empfindungsqualität und gestalterisches Vermögen. Die zärtliche Haltung ist der meine ganze Gestalt erfassende Wunsch zu *verstehen. Ich bin* dieser Wunsch. Was aus ihm unmittelbar hervorgeht als *behutsames, rücksichtsvolles Verhaltens- und Verhältnis-Grundmuster*, nenne ich den Gestus der Zärtlichkeit. Als Wahrnehmender bin ich dabei in einem Zustand hingegebener *Aufmerksamkeit*, sozusagen übersensibilisiert. Und dies alles gipfelt – auf der Seite des bewussten, also nicht unwillkürlich-gestischen, sondern durchaus willkürlichen emotionalen Ausdrucks – in dem Vermögen, intuitiv (das ist etwas anderes als instinktiv) das Richtige zu tun, nämlich das vom Anderen wortlos Erbetene, das, *was ihm gerecht wird*; es gipfelt also in der «kreativen Selbstüberschreitung», die wir kennen gelernt haben als eine nur in der «Du-Evidenz» erreichbare Fähigkeit des *Gestaltens in Zwischen-Raum*. Das ist kein frommes Ideal, sondern der zugegebenermaßen unbeholfene Versuch, zu beschreiben, was tatsächlich geschieht in der zärtlichen Beziehung, in der Ich-Überkreuzung, im «magischen Raum» (*Gestaltungsfeld ←→ Wärmefeld*) und was eben auf eine besondere, den triebhaft-regressiven Komplex mit einschließende und zur Freiheit hin verwandelnde Weise auch in der Sexualität geschieht, *wenn* sie sich dort ereignet.

Damit soll dem Sexus nicht das Stürmische, Elementarische, Animalische, also die so genannte dunkle Seite ausgeredet werden, die nun schon seit Jahrzehnten mit großem Eifer und auf breiter Front enttabuisiert wird. Abgesehen davon, dass den Legionen tapferer Tabubrecher längst die Feinde – nämlich die Tabus – abhanden gekommen sind, habe ich keinerlei Ambitionen, der Nacht abgewöhnen zu wollen, dass sie dunkel ist. Ich spreche ja davon, dass in der Sexualität die Möglichkeit liegt,

109

gleichsam im Dunklen sehend zu werden, und zwar auf eine Art sehend, die dem Sehen bei Tage in mancher Hinsicht weit überlegen ist. Es liegt mir ganz fern, darüber zu urteilen, was im Einzelnen das «wortlos vom Anderen Erbetene» sein dürfe oder nicht. Ich teile jedoch ganz entschieden Viktor E. Frankls Auffassung, dass es verhängnisvoll und im Übrigen der Lust abträglich[100] ist, wenn die Sexualität einschließlich des ihr innewohnenden Dunklen «isoliert und desintegriert, aus der Liebe herausgebrochen und eben dadurch dehumanisiert wird». Ist die von Menschen praktizierte Sexualität *kein* Ausdruck von Liebe, so tun eben die Menschen auf diesem Felde das Nichtmenschliche, und es treten «in zerstörerischer Weise gewisse Instinkte aus dem Sexualleben und Sexualwesen auf, die nicht bloß Verirrungen bedeuten, (sondern) übergehen ... ins soziale Leben» (Rudolf Steiner). Um welche Art von sozialen Auswirkungen es sich hierbei handelt, muss ich hoffentlich nicht erklären.[101]

«Schon weil du bist, sei dir in Dank genaht»

In der sexuellen Variante ist die zärtliche Beziehung ein den ganzen Leib, den *Bios* und die «dunkle» Seelenwelt mit umgreifendes, im Grundzug altruistisches Ereignis des Sich-Anvertrauens, das nicht im *selbstvergessenen Ineinander,* sondern, letzteres weit überbietend, im *aufmerksamen Füreinander* Erfüllung findet – wobei wir nicht von der kühlen, sondern von der *glühenden* Aufmerksamkeit sprechen, von der *clairvoyance* eines tiefen, mitreißenden, aber weit von somnambuler Selbstvergessenheit entfernten Ereignisses des *Gefäßwerdens* für das «unvergiftete poietische Selbst» (E. Schiffer) des Anderen. Wer die Ausnahmesituationen überkreuzter Geistes-Gegenwart – was nichts anderes heißt, als dass zwei Menschen einander wahrnehmen, *wie Gott sie gemeint hat:* in ihrer unversehrten inneren Schönheit – kennt, die der Sexus dem Eros verdankt, ist ein für allemal davon geheilt, sich an der zwanghaften Großfahndung nach immer ausgeklügelteren und abwegigeren Prozeduren für immer grandiosere Orgasmen zu beteiligen. Wenn dieser kollektive Wahn nicht solche Entsetzlichkeiten wie Kinderpornografie und sexuelle Folter hervorbrächte, wäre er vor allem erheiternd. Aber auch ein Anlass zum Mitgefühl. Denn es gibt im erotisch-sexuellen Bereich nichts Beglückenderes als den *sinnlichen Durchbruch zur Über-Sinnlichkeit der höheren Du-Wahrnehmung.* Man muss davon ausgehen, dass all die Genitalgesteuerten auf ihrer Suche nach dem ultimativen Kick nie erfahren haben, was Zärtlichkeit in Verbindung mit Sexualität, körperliche Hingabe in Verbindung mit Liebe bedeutet.

Wir werden aber dem Ereignis der zärtlichen Beziehung nicht

gerecht, wenn wir sie immer nur im Zusammenhang mit dem Sexus betrachten. Im Gegenteil, wir verstehen erst richtig, welche Rolle für den Prozess einer *wirklichen* Befreiung der Sexualität der neue Eros spielen kann, wenn wir diesen in seiner ganz eigenständigen Qualität erfassen. Was seit den 60er Jahren unter «sexuelle Befreiung» firmiert, war ja, genau besehen, zunächst nur die Aufdeckung und Anprangerung des ganzen Ausmaßes an Unfreiheit: Der inhumane, beziehungsvergiftende, zwangsneurotische und süchtige Grundzug der isolierten, rein triebmechanisch und hedonistisch aufgefassten Sexualität, aber auch ihre Oberflächlichkeit und Lächerlichkeit liegen nunmehr offen zutage. Was da geschehen ist, hatte durchaus eine aufklärerische, aber noch längst nicht eine emanzipatorische Stoßrichtung. Dass allerdings die Geilheits-Fratze, die hinter dem Schleier bürgerlicher Scheinheiligkeit zum Vorschein kam, plötzlich als Ideal gefeiert wurde, war ein klassischer Fall von boshafter List der Geschichte: Die Aufklärer unterlagen dem Faszinosum des von ihnen Bloßgestellten. Und so geriet zunächst einmal in Vergessenheit, worum es eigentlich ging, nämlich um die Rettung der Zärtlichkeit und – was unauflöslich damit zusammenhängt – der Kreativität; um das Aufsprengen der Verhältnisse, in denen Zärtlichkeit keine Chance hatte, weil das Klima vergiftet war durch die viel zitierte verlogene Doppelmoral vordergründiger sexualfeindlicher Prüderie bei hintergründiger verklemmter Geilheit und «ausbeuterischer Orientierung» (Erich Fromm), nicht zuletzt auch im Bereich der Liebe und der Sexualität.

Wir sind heute, nachdrücklicher noch als damals – denn der *Leviathan* operiert ungehindert, seit alle Welt in dem Irrglauben befangen ist, er sei kürzlich im Osten besiegt worden –, aufgefordert, für den *neuen Eros des Beziehungskünstlertums* einzutreten, weniger fixiert auf die sexuelle Frage, aber diese einschließend in das Bemühen um Perspektiven für eine *Gesellschaft mit dem Antlitz des Menschen*.[102]

112

«Wem ... die Liebe als einzige vernünftige Lösung des Problems der menschlichen Existenz am Herzen liegt, der muss zu dem Schluss kommen, dass in unserer Gesellschaftsstruktur wichtige und radikale Veränderungen vorgenommen werden müssen, wenn die Liebe zu einem gesellschaftlichen Phänomen werden und nicht eine höchst individuelle Randerscheinung bleiben soll» (Fromm). Die für unsere Zeit maßgeblichen Hinweise darauf, *wie* die Liebe zu einem gesellschaftlichen Phänomen werden kann, finden sich in dem, was Joseph Beuys – anknüpfend an die Dreigliederungsidee Rudolf Steiners – als «erweiterten Kunstbegriff» entwickelt und im Dialog mit anderen[103] bis zu einem «Bild von dem konkreten Wirkungsfelde der sozialen Kunst» vorangetrieben hat. Im Bemühen, den erweiterten Kunstbegriff biografiekundlich und freiheitswissenschaftlich zu vertiefen und seine hohe *anthroposophische* Relevanz zu zeigen, wird immer deutlicher, dass er aus sich heraus einen sozialethischen Kurswechsel in Richtung einer *kindheitsorientierten* Ethik fordert, das heißt eine ethische Besinnung auf den Ursprung der menschlichen Sehnsucht, auf *den Menschen als Sehnsuchtswesen*: das KIND. Darüber habe ich mich verschiedentlich geäußert, und auch die vorliegende Schrift steht in diesem Zusammenhang.[104]

Vergegenwärtigen wir uns das Ereignis der zärtlichen Beziehung als solches. Wann und wie tritt diese Qualität in einem Menschenleben erstmals *rein* in Erscheinung? Das ist eine entwicklungsphänomenologische Frage, die im Prinzip jeder beantworten kann, der die Mühe biografischer Selbsterforschung nicht scheut. Für fast alle Menschen gilt nämlich, dass diejenige Kraft, durch die der Mensch den Menschen wirklich zu *würdigen* vermag, irgendwann zwischen dem neunten/zehnten und zwölften/dreizehnten Lebensjahr (vielleicht auch etwas später) erstmals wirklich zu Bewusstsein kommt, irgendwann in dieser Spanne der *Kindheitsmitte*, die in den Prolog der Pubertät übergeht (man kann von Kindheitsmitte sprechen, wenn man die Jugendjahre noch zur Kindheit rechnet). Kurt Goetz behauptete kurz und bündig: «Jeder liebt nur einmal, und zwar ungefähr zwischen zwölf und fünfzehn. Später bildet man es sich nur noch hin und wieder ein.» – Ich würde den Zeitrahmen etwas früher ansetzen und bin auch nicht ganz so pessimistisch, was die spätere Liebefähigkeit angeht; richtig ist aber zweifellos, dass wir die zärtlichsten Gefühle, deren wir fähig sind, kennen lernen in den späten Kindheitsjahren und dass wir uns als Erwachsene äußerst schwer damit tun, an diesen Strom wieder Anschluss zu finden. «Ohne nachweisbare kausale Verbindung mit der Sphäre der pubertären Sexualität und zumeist ihrer Entfaltung vorlaufend, kommt … etwas phänomenal ganz anderes zur Welt: das *Erotische*. – Es ist in der Tat das höchste anthropologische Prädikat (dieses Reifungsstadiums), dass in ihm der Eros zur Welt kommt. Eros ist die seelische Form der Liebe, die sich am schönen menschlichen Gegenüber entzündet und sich ihm geistig zu verbinden sucht. – Die Schönheit des beseelten Leibes ist ein Urphänomen …, (und) es ist dieses Urphänomen, das als Manifestation der schöpferischen Weltkraft des Eros zur geistigen Dialogik führt» (Hans Tellenbach). Besser und wahrer kann man es kaum ausdrücken.

Es wird hier ein Zwischenstadium in der frühen menschlichen Biografie beschrieben, während dessen wir den Eros in seiner reinsten Ausprägung antreffen. Ich spreche weiterhin vom *neuen* Eros im Unterschied zu somnambulen[105] oder verschmelzungsselig exaltierten Vorformen, wie sie Erich Fromm wohl im Auge hatte, als er von der erotischen als der «trügerischste(n) Form der Liebe» sprach, in der «das Verlangen nach vollkommener Vereinigung» vorherrsche. Ich gehe davon aus, dass gewisse geistige Qualitäten, die als soziale Heilfaktoren «in der Zeit liegen», auch einen entwicklungsphänomenologischen Erscheinungswandel der Kindheit im Rahmen des ontogenetischen Status quo mit sich bringen.[106] Die Kraft also, die charakterisiert werden kann als Kraft des Verstehens aus dem Ursprung der menschlichen Sehnsucht, als Einfühlungs-Vermögen, welches jedweder sozialen Kompetenz, aber auch – erkannt oder unerkannt – jedwedem kreativem Tun zugrunde liegt, diese Kraft, von der man ja nach allem bisher Gesagten annehmen *muss,* sie sei der *intentionale Faktor im Ereignis des Zur-Welt-Kommens,* also *der* «Inkarnations»-Impuls[107] schlechthin, arbeitet sich im Verlaufe der kindlichen Entwicklung allmählich ins Tagesbewusstsein herauf und tritt nun in den Jahren *vor* dem Erwachen der pubertären Sexualität als «Manifestation der schöpferischen Weltkraft» zutage, wobei «festzuhalten (ist), dass man die Vorzeichen eines sexuellen Begehrens in (dieser) Sphäre ... *nicht* findet» (Tellenbach).

Diese Liebefähigkeit, die in Hölderlins Satz «Schon weil du bist, sei dir in Dank genaht» eingefangen ist, begründet romantische Freundschaften zwischen Kindern und Jugendlichen, aber auch Erwachsene können die ganze verzehrende Sehnsucht einer Kinderseele auf sich ziehen – vielleicht ohne je davon zu erfahren, denn die reine erotische Zuneigung zeichnet sich gerade dadurch aus, dass sie weder irgendetwas fordert noch lauthals sich offenbaren will. Sie ist scheu, selbstlos, von zärtlichen Fantasien umwoben und in gewisser Hinsicht rigoros, nämlich fest entschlossen, das geliebte Wesen in den Stand der Makellosigkeit zu erheben und sich durch kein «vernünftiges» Argument darin beirren zu lassen. Umso brutaler allerdings ist die Ernüchterung, wenn die betreffende Person – nichtsahnend oder, schlimmer noch, wohlwissend – durch Ungerechtigkeit, Grobheit oder Spott (nichts tut so weh wie Spott!) solche verehrungsvolle Hingabe brüskiert. Das sind schlimme Enttäuschungen, die unter Umständen zeitlebens weiterwirken.

Der tragischste Irrtum in diesem Zusammenhang ist jedoch die Fehlinterpretation der kindlichen Zärtlichkeitssignale als sexuelles Locken oder doch immerhin als sexuelle Bereitschaft.

Auf den wahrhaft unschuldigen Eros der Vorpubertät, der den Kindern oft eine enorme Ausstrahlung verleiht, als Erwachsener sexuell zu antworten ist in der Tat schwere seelische Misshandlung. Jeder kann heute wissen, dass das durchaus mögliche Entgegenkommen des Kindes in solchen Situationen kein Zeichen für tatsächliche Einwilligung ist, sondern lediglich für die Grenzenlosigkeit des Vertrauens. Und eben dieses wird auf bittere Art missbraucht durch den pädophilen Übergriff. Ich verurteile niemanden wegen seines sexuellen Hingezogenseins zu Kindern. Es gibt viele abwegige Obsessionen, mit denen sich die Menschen herumzuplagen haben; manches Gespenst kommt herauf aus der Menschheitsvergangenheit, die wir träumend in uns tragen als kollektives und/oder individuell-schicksalhaftes Erinnerungserbe;[108] manches Fantasiegift wird uns von den Medien eingeträufelt, und wir wissen nie, wann und wie es seine Wirkung tut. Wer ohne Schuld ist – wer nie angefochten wurde von Bildern und Begierden, die ihm eigentlich ganz wesensfremd waren –, werfe den ersten Stein. Im Übrigen konzidiere ich gern, dass viele Pädophile wirklich glauben, sie seien von reinster, aufrichtigster Zärtlichkeit ergriffen, die eben nur körperliche «Erfüllung» suche. Es gibt eine engelhaft anmutende Form des Bösen, die unser reinstes Wollen – die Sehnsucht nach Liebe – auf Abwege locken will und zweifellos schwerer zu durchschauen ist als die unmaskierte Niedertracht, die aus Seelenabgründen heraufkommt und offen ihr Recht fordert.

Vieles spricht dafür, dass namentlich in der gegenwärtigen Zeit, die im bewusstseinsgeschichtlichen Unterstrom – im Hinblick also auf den Stand der Entwicklung zum Menschen hin – eigentlich reif wäre, die *Kindheitsidee*[109] als neuen sozialethischen Richtungsimpuls aufzunehmen, gleichsam im Gegenzug eine pervertierte Zerrform dieser am Kinde orientierten Geistes- und Seelenhaltung machtvoll auftritt, nämlich die Sexualisierung und schließlich Pornografisierung der Kinderliebe

116

als Ausdruck der mephistophelischen Verunstaltung des neuen Eros. Mögen in diesem Lichte pädophile Anwandlungen als zeitsymptomatische Verirrungen eines *im ursprünglichsten Ansatz* ethisch inspirierten, dann aber in die Dekadenz gefallenen inneren Bestrebens auch etwas verständlicher werden, ändert dies nichts daran, sondern bekräftigt nur, dass heute jeder, der von solchen Anfechtungen ereilt wird, aufgefordert ist, ihnen nicht nur zu widerstehen, sondern – gegebenenfalls fachkundig begleitet – einen inneren Weg der, ich möchte sagen, Erlösung seiner Sehnsucht nach *Nähe zum Kindheitswesen* aus dem Bann sexueller Suggestionen zu gehen. Denn die sexualisierte Kinderliebe richtet auch dann Schaden an, wenn sie nicht ausgelebt wird. Sie vergiftet das Klima zwischen Kind und Erwachsenem, stiftet unterschwellig Verwirrung, löst diffuse Ängste aus und beschädigt auf subtile Weise eben jene reine Kraft der Zärtlichkeit, von der ich hier spreche als dem «höchsten anthropologischen Prädikat» der Übergangszeit vom Kindheits- zum Jugendalter.

Das Prinzip «Schenken»

Diese reine Zärtlichkeitskraft – das ist ihre kostbarste Eigenschaft: die durch sie eröffnete «Perspektive der Heiligkeit» (Lévinas) – «erhöht (den Anderen) über sich selbst hinaus in die reine Idealität» (Tellenbach). Der Freund wird zum *Stellvertreter des MENSCHEN jenseits des Menschen*. Er verkörpert das Menschen-Urbild. Nun könnte man sagen: Da findet eine Projektion statt; es wird etwas in den Freund hineinprojiziert, was in Wahrheit ziemlich wenig mit ihm zu tun hat; das ist also gar keine Liebe, sondern genau genommen wird der Auserwählte nur instrumentalisiert als Projektionsfläche für illusionäre Wunschvorstellungen. – Darin liegt eben gerade das Elend der heutigen, so genannten wissenschaftlichen Psychologie, dass man besessen ist von der Idee, alles auf ein Maß zurecht stutzen zu müssen, das der Behäbigkeit des Denkens in Dampfmaschinen- oder Schmalfilm-Kategorien zustatten kommt. Mögen auch die Phänomene eine ganz andere Sprache sprechen – man hat stets eine mechanistische Erklärungsformel parat, in diesem Falle eben den Unsinn mit dem Wunschprojektor und der Projektionsfläche.

Entwicklungsphänomenologische Wahrheitsfindung heißt beobachten und beschreiben, was tatsächlich vor sich geht; dann erst kommen vorsichtige Auswertungen, Hypothesenbildungen und so weiter in Betracht, und nun kann es durchaus geschehen, dass das, was aus den Phänomenen hervorspringt, viel eher beispielsweise auf die Mitwirkung einer Engelwesenheit hindeutet denn auf die Funktionsmechanismen eines «psychischen Apparats». In dem kindlichen Entwicklungsstadium, von dem wir jetzt sprechen, taucht – das lehren die Phänomene – ein

Leitbild in der Seele auf, eine urbildliche Qualität zwischen Empfindung und Schauung, eine Art Clairvoyance: Der «Mensch, wie Gott ihn gemeint hat», tritt in die Erfahrung, und das Allererstaunlichste an diesem Ereignis ist, dass es sich nicht irgendwie in allgemeiner Form einstellt, sondern ganz konkret in der Beziehung zu bestimmten Menschen, die als *Repräsentanten* des MENSCHEN erkannt (!) werden. Sie werden nicht dazu stilisiert, sondern als solche erkannt! Es wird dem Kinde «eingeflößt von spiritueller Seite» die Wahrnehmungsfähigkeit für «ein gewisses Geheimnis, was der andere Mensch ist», nämlich ein «Bild, das sich aus der geistigen Welt heraus offenbart».

Was Rudolf Steiner mit diesen Worten 1918 in Aussicht stellte und anmahnte als Chance eines nie dagewesenen Du-Sensoriums für die damals direkt bevorstehende, inzwischen eingetretene Zukunft (in der er gleichzeitig eine Tendenz sah, dass – *im Gegenzug* – «Menschen zu halben Teufeln werden durch ihre sexuellen Instinkte»), das leuchtet wie ein Naturereignis in der Seele des Kindes auf und steht ihm für eine gewisse Latenzzeit vor der «Erdenreife» (Steiner) sozusagen gnadenhalber als Fähigkeit zur Verfügung. In diesem Alter waren wir alle vorübergehend dazu imstande, die Menschen, die wir zu Stellvertretern des Menschen erwählt hatten, mit dem Blick der Liebe wirklich bis ins Innerste zu *durchschauen*. Damit sind aber nicht die verleugneten, schambesetzten Gedanken, Gefühle und Wesenszüge gemeint, an die man automatisch denkt, wenn von «durchschauen» die Rede ist, sondern gemeint ist das unversehrte «höhere Selbst»: das Kind, demgegenüber die Nebenwelt der Ängste und Unschicklichkeiten, die unser Oberflächendenken für «innerlich» hält, schon zur *Außenwelt* gehört. Wenn wir uns zurückerinnern, werden wir ein Weiteres entdecken, wovon wir damals, «als das Wünschen noch geholfen hat», ganz erfüllt waren: von dem Drang, dieser Wahrnehmung der «Schönheit des beseelten Leibes» (Tellenbach) – dieser Erfahrung des Transparentwerdens der leiblichen Hüllen, des *behaviours*, der «Charaktermaske» im Aufscheinen des *inneren Antlitzes* – Ausdruck zu verleihen durch *Schenken*. Wenn nicht die Angst vor Zurückweisung im Wege steht, finden die Zehn-, Elf-, Zwölfjährigen große Befriedigung darin, ihre Auserwählten zu beschenken, und zwar nach Möglichkeit zu beschenken mit Dingen, die sie eigenhändig angefertigt, gestaltet, arrangiert haben: selbst gemalte Bilder, Gebasteltes, selbst gepflückte Blumen. Ein intensives Freiheitserlebnis ist damit verbunden. Denn das Schenken ist eine, ja ist *die* freie, durch nichts erzwungene, jenseits aller Nötigungen beschlossene und ausgeführte Tat. Als Geste der Dankbarkeit für das *bloße Dasein* des Anderen zerreißt jedes freie Geschenk das Netz der gegenseitigen Be- und Abnutzungsbeziehungen. Schenken ist Sand im Getriebe der Menschenverplanungsmaschine. Dass es im Machtbereich der Maschine doch noch so etwas wie *soziales Leben* und *qualitative Entwicklung* gibt, verdankt sich einzig und allein der Unverwüstlichkeit des Wunsches, andere zu beschenken. Jede schöpferische Tat ist eine freie Gabe an die Mitmenschen, also ein Geschenk, und bringt als solches die Empfindung zum Ausdruck: «Schon weil du bist, sei dir in Dank genäht.» Du: Das kann der Einzelne sein, in dem ich den MENSCHEN entdecke. Das kann aber auch *die Menschheit* sein. Die ihr gewidmeten Werke sind Bebilderungen einer idealistischen Gestimmtheit, deren neuerdings geradezu sportiv betriebene Verhöhnung nur ein Gutes hat: Das Gewahrwerden der frappanten inneren Leere, aus der die Verhöhnungen gesprochen sind, schützt uns vor mancher Illusion in Bezug auf die Chancen einer baldigen Erholung des völlig heruntergekommenen Geisteslebens. – Im echten, nicht nur durch kalendarische Anlässe bestimmten oder der so genannten Höflichkeit geschuldeten Schenken findet der Eros seinen ureigenen Ausdruck.

Ich weiß, dies nachzuvollziehen erfordert eine gründliche Entrümpelung des Denkens, das bei «Eros» gewohnheitsmäßig nackte Körper im roten Schummerlicht assoziiert. Aber wir sollten uns den Missbrauch des altehrwürdigen Eros-Begriffs durch die Porno-Industrie nicht aufzwingen lassen, sondern uns bemühen, seinen wesensgemäßen Bedeutungs-wandel in der bewusstseinsgeschichtlichen Schwellensituation der Gegenwart zu verstehen. Der alte Eros trug schon keim-haft in sich die Qualität der Du-Sinnigkeit, die aber jetzt erst reif ist, sich auszufalten.[110] Echte Geschenke, seien sie materi-eller oder immaterieller Art, sind Zärtlichkeitszeichen und kreative Akte: Gestaltungen im Zwischen-uns, Taten *für*. Oder: Jeder kreative Akt ist im Kern zärtlich, weil sich in ihm der Wunsch äußert zu schenken, und wo immer sich dieser Wunsch äußert, tritt die beziehungs-(sozial-)künstlerische In-tention hervor. Diese Aussage steht nicht im Widerspruch zu dem, was ich an anderer Stelle über den Aspekt des *Zorns* beziehungsweise der *Revolte* im künstlerischen Prozess gesagt habe: über die Feindseligkeit des von der «Neuschöpfungsebe-ne» aus handelnden Menschen gegen die gewordenen Verhält-nisse.[111] Was der Mensch dem Menschen (und damit der Zärt-lichkeit) schuldet, bricht nicht nur ausnahmsweise die Regeln der Bestands- und Wiederholungswelt. Der neue Eros ist not-wendig subversiv, zumal in einer kulturellen und gesellschaft-lichen Situation der organisierten Lieblosigkeit. Erich Neu-mann spricht in diesem Zusammenhang mit Recht von einer «komplexen Anfälligkeit des schöpferischen Menschen», wel-che «sein Angewiesensein auf das Ganzheitszentrum – das Selbst – erhöht». Seine im Konflikt mit den gegebenen Ver-hältnissen aufbrechende «profunde personale Ambivalenz», die sich unter anderem verdichtet in dem zuweilen bedrohli-chen Gefühl einer «paradoxen Verantwortlichkeit», gefährdet ihn zwar, aber gerade durch diese Gefährdung gelangt er zur «Individuation im Werk» (Neumann) und damit, so möchte ich hinzufügen, zur Du-gerichteten gestalterischen Intention: Das Motiv des Schenkens erlöst aus der Paradoxie des synchronen Wachstums von *Selbstbewusstsein* und *Verantwortung für Andere* den Sinn.

So gerät auch das Kind in der so genannten Rubikon-Zeit erstmals in eine «profunde personale Ambivalenz» und findet in der «schöpferischen Weltkraft des Eros» die tröstende und ermutigende Perspektive, die es braucht, um in der nahenden pubertären Sinnkrise bestehen zu können.[112] Diese Perspektive ist zunächst die Perspektive des Schenkens. Wir müssen nur den Begriff des Schenkens weit genug fassen. Er braucht sich ja nicht auf *Dinge* zu beziehen. Auch ein Lächeln kann ein Geschenk sein. Oder denken Sie an die Redewendung «Ich schenke dir Aufmerksamkeit». – Demgegenüber gibt es auch *notgedrungene* beziehungsweise *erzwungene* Aufmerksamkeit, welche die Fähigkeit zur *freiwilligen* Aufmerksamkeit nachhaltig beschädigt (das sollte man im Unterrichtswesen allmählich berücksichtigen, statt ständig über die zunehmende Unkonzentriertheit der Kinder zu jammern). Ob man es mit einem Geschenk zu tun hat, bemisst sich nicht nach dem *Was*, sondern nach dem *Wie*. *Alles* kann ein Geschenk sein, wenn das Motiv des Handelns die «Würdigung» des Anderen ist.

Diese ungekünstelt altruistische, hingebend, ja opferbereit wohlgesonnene Haltung ist in der Vor- und Frühpubertätszeit – bestimmten, erwählten Menschen vorbehalten – etwas ganz Selbstverständliches. Sie steht in einem spannungsvollen Kontrast zu der anderen, *egozentrischen* Grundgebärde dieses Alters, die zusammenhängt mit der Notwendigkeit seelischer Eigenraumbildung und der Entdeckung der *eigenen* Würde.[113] Die Umwelt nimmt allerdings meistens kaum Kenntnis von diesem naturereignishaften Durchbruch der reinen Zärtlichkeit. Denn erstens ist der kindliche Eros an sich etwas sehr Scheues, zweitens leben wir in einer Zeit, die, «aufgeklärt ohne Gnade» (Dorothee Sölle), solche Regungen der menschlichen Seele ins Reich des Kitsches abdrängt oder dem Spott anheim stellt. Viele Kinder wagen nicht mehr, ihre innigen Freundschaftsgefühle zu offenbaren, weil sie spüren, dass man sie bestenfalls belächeln wird. Untereinander maskieren sie sich, führen Schnoddrigkeit vor, wo ihnen eigentlich nach Nähe und Zärtlichkeit zumute wäre, denn die Angst, sich zu «blamieren», ist übermächtig. Diese Peinlichkeitsstimmung echten und tiefen Gefühlen gegenüber (sorgsam zu unterscheiden von der erwähnten natürlichen Scheu) sickert aus der Erwachsenenwelt in die Kinderwelt ein, wo sie wahrlich nichts zu suchen hat, und das ist ein ernstes Problem.

Idealismus, Du-Sinnigkeit –
und noch einmal: das Leiden

Was aber wird in den Jugendjahren (und später) aus der Perspektive des Schenkens, wie wir sie jetzt für die Vor- und Frühpubertätszeit betrachtet haben, sofern sie sich erhält und weiterentwickelt? Zum einen kann sie sich in der Tat *erhalten* in dieser ursprungshaften Form und später genau so, wenngleich natürlich vor einem ganz anderen Erfahrungshintergrund, wieder in Erscheinung treten; zum anderen – das ist der Entwicklungsaspekt – bindet sie sich an *Ideale*: an die klassischen, unverwüstlichen Menschheitsideale. Das sind weder ideologische Hirngespinste noch vergängliche, vom Stand der Entwicklung der Produktivkräfte abhängige Kulturprodukte (wie der historische Materialismus unterstellt), sondern Urbilder, Sehnsuchtsbilder der Menschheitszukunft. Sie sind seit den Anfängen der geschriebenen Geschichte im geistigen Umkreis der Erdentwicklung anwesend. Seit den Ereignissen von Golgataha für jeden Menschen im freien Denken erfahrbar und individuell fassbar, künden sie davon, wie die Welt aussähe, wenn dem Prinzip des Schenkens höchste Priorität im Fortgang der gesellschaftlichen Entwicklung zukäme. Freiheit, Gerechtigkeit, Barmherzigkeit, Mitgefühl, Toleranz, Hilfsbereitschaft und so weiter sind Qualitäten, die letztlich nie eingefordert, eingeklagt, erzwungen, sondern nur aus freien Stücken geschenkt werden können; es sind die Geschenkqualitäten par excellence. (Auch Freiheit! Die Kunst besteht darin, sie einander zu gewähren, das heißt zu schenken. *Das* wäre praktizierte Freiheitsliebe: konsequent auf Macht zu verzichten!) Diese Qualitäten repräsentieren «das *Gute*, von dem das Sein in seiner

Darstellung erhellt wird und dem es seine ontologische Kraft verdankt» (Lévinas). Wir sehen, der Eros birgt in sich den Idealismus, mithin das Vermögen, die Sehnsucht nach Liebe und Freiheit ins Bewusstsein heraufzuheben und einmünden zu lassen in den begrifflichen Entwurf einer sozialen Zukunft im Zeichen dieser Sehnsucht, *für die es sich zu leben lohnt.*

Es ist bekannt, dass in dem zur Rede stehenden Lebensabschnitt manchmal das Zerbrechen einer Kinderfreundschaft oder einer Freundschaft zwischen Kind und Erwachsenem tiefes, wirklich sehr tiefes und nachhaltiges Leid verursacht. Ich kann nur immer wieder an Eltern, Lehrer und Erzieher appellieren, die Liebefähigkeit und innere Bindungsfähigkeit der Kinder in diesem Alter nicht zu unterschätzen. Das geschieht nämlich allzu oft. Der Irrtum, Kinder seien noch nicht beziehungsreif, ist weit verbreitet. Man findet ihn sogar in Lehrbüchern der Entwicklungspsychologie. Da werden z.B. Kinderfreundschaften zerstört, weil die Eltern in eine andere Gegend ziehen, einfach so, als ob das eine Kleinigkeit wäre. Da reißt sozialer Abgrenzungsdünkel Gräben zwischen Familien auf; man verbietet den Kindern, sich zu treffen, und niemanden kümmert es, dass sie einander lieben. Da verlässt ein Lehrer die Schule und ahnt nicht, dass ein kleines Mädchen fassungslos trauernd zurückbleibt, weil er sich noch nicht einmal von ihr, für die er doch *alles* ist, verabschiedet hat. Man bagatellisiere nicht den kindlichen Eros! Ich habe in den Vorgeschichten so mancher frühpubertären Depression, Angsterkrankung oder Magersucht eine zerbrochene Liebe gefunden und die Tiefe des vergrabenen Kummers kennen gelernt. Vergraben? Ja, wem sollten denn die Kinder ihr Leid offenbaren? Bei wem sollten sie Trost suchen? Wo doch von den Erwachsenen nichts anderes zu erwarten ist als freundliche Herablassung nach dem Motto: Ach ja, kindliche Schwärmereien, das vergeht wieder; was wisst *ihr* schon von Liebe! – Diese Art von Trost ist schlimmer als gar kein Trost.

Ich sage noch einmal: Wenn wir uns in der heutigen Zeit umsehen nach Menschen, die unverfälscht und aus erster Quelle von Liebe wissen, dann werden wir am ehesten fündig bei der Altersgruppe zwischen etwa neun und dreizehn Jahren. Später, nach dem Eintritt in die Pubertät, kommen schon beirrende, auch verdüsternde Faktoren ins Spiel. In größtmöglicher Unbeirrtheit finden wir die «klarsehende Liebe» (J. P. Jakobsen, zitiert nach Tellenbach), durch die ein Mensch den anderen Menschen «in die reine Idealität erhöht» – also *zu sich selbst* erhöht – während der Vorpubertät; und wenn wir später dieses Vermögen sozusagen wiederbeleben wollen, dann greifen wir eigentlich zurück auf das, was wir damals ganz selbstverständlich konnten und heute nicht mehr so einfach können, sondern uns bewusst erringen müssen. Es kommt auch im Erwachsenenleben vor, dass man sich spontan in den Stand der unbeirrten Du-Sinnigkeit versetzt fühlt. Jeder kennt diese zauberischen Momente, wo alles Misstrauen, alle Skepsis einem bestimmten Menschen gegenüber verschwinden und dieser einem erscheint wie ein Wesen von einem anderen Stern, während man deutlich spürt, dass es sich nicht um eine illusionäre, sondern um eine *wahrheitsgemäße Idealisierung* handelt, also durchaus um eine Art Hellsichtigkeit. Das kann ohne besonderes Zutun dann und wann geschehen, aber von diesen seltenen Ausnahmesituationen abgesehen, kommen wir nicht mehr an die radikale *«non-in-différence»* (Nicht-mehr-Getrenntsein) des Eros heran, es sei denn, wir bemühten uns bewusst darum, in unsere Beziehungen einen *Stil* einzuführen, der «die Sturheit des Seins durchbricht und die Welt der Menschlichkeit ... eröffnet (durch) Umkehrung des ‹Jeder-für-sich› in ein ethisches Ich» (Lévinas), nämlich das *Beschenken* des Anderen mit und aus erhöhter Aufmerksamkeit *für ihn*; das umsichtige Handeln in Sorge um die Gestaltung des Zwischen-uns nach Maßgabe des *ihm* Zustehenden, welches zu erkennen, *noch ehe er es selbst erkennt*, ich als Liebender, als Freund ausersehen bin.[114]

Der aus solcher gesteigerter Wahrnehmungskraft auf den Anderen gerichtete würdigende, erhöhende Blick ist als solcher das Hauptgeschenk vor allen durch ihn inspirierten Nebengeschenken, und er *wirkt*. Er teilt sich dem Anderen mit, eben als Empfindung des Erhöhtseins in sich und zu sich selbst! Wer sich solcher ihm zuströmenden Liebe nicht verschließt, sondern sie in Dankbarkeit annimmt und erwidert, erlebt durch sie einen seelischen Kraftzuwachs, einen Zuwachs an *Selbstwertgewissheit*, die zugleich *Daseinsbestätigung* ist. Das ganze Wesensgefüge wird erwärmt und aufgehellt. Diese Auflichtung ist wohl am besten zu umschreiben mit dem lapidaren Satz, in dem das größte Kompliment liegt, das ein Freund dem anderen machen kann: In deiner Gegenwart verstehe ich mich erst selbst. – Wir alle tragen die Sehnsucht in uns, anderen Menschen zu begegnen, die uns erkennen und durch ihr Erkennen aufhelfen zur *Selbst-Verständlichkeit*. Dies kann nur geschehen, wenn man Erkennungszeichen aussendet, *sich kenntlich macht*, und die Erkennungszeichen, die da in Betracht kommen, können paradoxerweise wiederum nur gebende, schenkende sein.

So sind es meine aus der erkennenden Du-Gerichtetheit – letzthin MENSCH-Gerichtetheit – motivierten Taten, in denen der Andere sich, aber auch mich entdeckt. Ein wahres Geschenk ist nicht einfach ein Ding, das veräußert wird und beim Anderen bleibt, sondern es eröffnet – auf einer höheren Ebene als derjenigen des vordergründigen Dankens oder Vergeltens – ein mutuales Schwingungsfeld zwischen Schenkendem und Beschenktem. In diesem sinnlich-übersinnlichen Resonanz- und Re-Resonanzgeschehen beginne ich zu verstehen, wer ich bin als der aus der «Sturheit des Seins» zum Du hin Aufgebrochene, also zu mir SELBST Gekommene. Der aus gläubigeren Zeiten tradierte Satz «Gott vergelte es dir», gesprochen vom Nehmenden (der nichts besitzt, womit er bezahlen könnte) zum Gebenden, weist auf die Möglichkeit einer «übersinnlichen Rendite» in Form dessen hin, was eben Gott mir zu geben vermag: die

Erinnerung an mich SELBST. Das ist das Phänomen der Ich-Überkreuzung.

In *dieser* Hinsicht erweist sich «Liebe als Antwort auf das Problem der menschlichen Existenz» (Erich Fromm): nicht die «symbiotische Vereinigung, (die) ihr biologisches Modell in der Beziehung zwischen der schwangeren Mutter und dem Fötus» hat, ist das Ziel des Eros, nicht das *selbstvergessene Ineinander*, die Individuationsumkehr, sondern gegenseitige Individuations-Ermöglichung im *aufmerksamen Füreinander*. Ich werde erkannt an meinen «Taten *für*»: ergo sum. Der schöpferische Mensch ist «in Kommunikation mit seinem tiefinnersten Verstehen» (Will Parfitt) und erfährt so, dass er nicht anders sich selbst verwirklichen kann, als dadurch, dass er der inneren Stimme folgt, die ihm sagt: «Das Einzige, was sich lohnt aufzurichten, ist die menschliche Seele» (Beuys). Das kann für mich, der ich diesem Lohnenden mich verschreiben will, immer nur heißen: die Seele des *Anderen*.

Ich habe schon ausgeführt, dass es nicht in einem vordergründigen, fadenscheinigen Sinne Zufriedenheit und Gesundheit verspricht, durch Rückbesinnung auf den «naiven» Eros und seine Integration in die Welterfahrenheit reiferer Jahre das eigene Leben auf den MENSCHEN hin auszurichten. In gewisser Hinsicht ist das Gegenteil richtig: «Die individuelle Geschichte jedes schöpferischen Menschen bewegt sich … immer dicht am Abgrund, weil für ihn eine innere Unfähigkeit charakteristisch ist», die im Konflikt mit den Gegebenheiten «notwendigerweise erfahrenen Verwundungen durch … steigende Anpassung … zu überwachsen und zu verheilen» (Erich Neumann). Aber dieses Leiden, fährt Neumann fort, «wird bis in eine Tiefe hinein erlebt, von der aus ein anderes Heilendes aufsteigt, nämlich der schöpferische Prozess.» Beuys nannte das Leiden, dem der Mensch an den Bruchstellen des Seins ausgesetzt ist, «eine Quelle der Erneuerung, … eine Quelle von kostbarer Substanz»: *Evolutionssubstanz*. Das Glückhafte einer sinnorientierten, an die Quelle von Zärtlichkeit und Kreativität angeschlossenen Existenz verdankt sich gerade der großen Verwundbarkeit, die auf der anderen Seite *wahre* – den Sinnsubstituten der *affluent society* weit überlegene – Lebensqualität ist, nämlich hohe soziale Empfindsamkeit (ich spreche von der Verfeinerung des mitmenschlich anteilnehmenden Sensoriums, das Rudolf Steiner in seiner viel zu wenig beachteten Sinneslehre als höheres Sinnesfeld beschrieben hat[115]) im Verbund mit dem *glühenden* Wunsch nach «Verwirklichung rein intuitiv erfasster individueller Sittlichkeitsziele», das heißt nach Taten, die durch nichts anderes als «schlechthin durch ihren idealen Gehalt bestimmt» sind (Steiner).

Sinnsuche heißt auch: Bekanntwerden mit der Tragik. Ein tragisches Feld entsteht, wenn das KIND der Überweltlichkeit und damit Unmöglichkeit seines innersten Wollens gewahr wird und verzagen will; wenn der *Grundwiderspruch* offen zutage tritt, der darin liegt, dass das Ziel des gewählten Lebens dieses Leben überragt; dass dem diesseitigen Weltzusammenhang also «nur» der *Wunsch an sich* eingefügt werden kann, die Hoffnung, nicht die Erfüllung. Das ist eine tief bekümmernde Erfahrung, die aber zugleich einen befreienden Aspekt des Geheimnisses enthüllt: Wärme und Bewegung in der Hinentworfenheit auf den MENSCHEN (Hoffnung) weisen gerade wegen ihres Bezugspunktes im Unmöglichen über die Endlichkeit – den Todespunkt – hinaus. Das tragische Feld *ist* in den Erdenverhältnissen das Hoffnungsfeld.[116] Aus dieser Paradoxie der Sinnsuche führt nur «die Liebe als einzige, als *letzte* Lebensmöglichkeit» (Nietzsche) heraus.

Ausklang: Die Mensch-Imagination

Die schöpferische Weltkraft des Eros, die sich anfangs und urphänomenal an ein wahrheitsgemäß idealisiertes leibhaftiges Gegenüber wendet, kann zu einem nicht mehr unbedingt an die Ich-Du-Begegnung im Sinnesfeld gebundenen *Modus* der Lebensgestaltung werden und in letzter Konsequenz sogar einen Menschen erfüllen, der die gewöhnliche Beziehungsnähe, das gewöhnliche soziale Gehaltensein nicht mehr braucht, vielleicht nicht einmal mehr sucht. Um dies zu verstehen, müssen wir den Begriff des Anderen, des *Du*, ähnlich wie es Martin Buber mit dem Hinweis auf die prinzipielle Mutualität aller positiv weltbezogenen Handlungen getan hat – sinnhaftes, «plastisches» Tun ist als solches *immer* Beziehungsgestaltung, findet *immer* Resonanz im Zwischen-Raum, ist *immer* dialogisch –, so erweitern, dass er das *immagine del cuor* einschließt, das Bildnis im Herzen, bei Beethoven die legendäre «unsterbliche Geliebte», aller Wahrscheinlichkeit nach eine wahrheitsgemäß idealisierte konkrete Person, mit der er zwar äußerlich keine Beziehung pflegen konnte, die aber *in ihm* lebte und mit ihm sprach als Muse und Adressatin seiner Kompositionen; vielleicht eine unglückliche Liebe, vielleicht eine unerhört glückliche, da sie ihm keiner nehmen konnte, vermutlich beides zugleich.

Wir müssen des Weiteren den Du-Begriff ausdehnen auf «Menschheit», das heißt auf die Möglichkeit des inneren Zwiegesprächs mit dem MENSCHEN. Genau genommen handelt es sich um zwei Variationen ein- und desselben Phänomens: Das, wie C. G. Jung sagt, «aus dem poetischen Gebrauch [einer zwischenmenschlichen Erfahrung, H. K] abgeleitete ... Fantasiebild» der in die reine Idealität erhöhten unsterblichen *Freundin aller Freundinnen* ist, wie wir gesehen haben, ein *Wahrbild*: der individualisierte Begriff des MENSCHEN, entwickelt an und aus der Begegnung mit einer leibhaftigen Person, der das Geschenk liebenden Erkanntwerdens zuteil wurde. Die MENSCH-Imagination bedarf aber nicht zwingend solcher Fantasien, sie kann sich nach und nach von ihnen ablösen und – zum Beispiel – als «Idee der Freiheit» erscheinen wie bei (dem Philosophen) Steiner, oder als «soziale Skulptur» wie bei Beuys. Es bleibt sich in Hinsicht auf das Urphänomen gleich, nur dass im letzteren Falle die Sache wohl eine umfassendere, universellere Note hat, eine höhere *Evidenz*.

Die Ahnung, dass *jeder* Mensch die Qualitäten der/des unsterblichen Geliebten in sich birgt, verdichtet sich zur Gewissheit, und im Idealfall (in der von Lévinas rehabilitierten «Perspektive der Heiligkeit») ist das liebende Weltverhältnis nicht mehr selektiv: Der zum schöpferischen Menschentum Durchgebrochene wäre der, der alles, was er hervorbrächte, aus dem Bedürfnis und in dem Bewusstsein hervorbrächte, das Wenige, das sein Eigentum ist, *allen* zu schenken.

Ich überlasse es dem Leser, ob er diese Charakterisierung auf die eine oder andere Persönlichkeit, der er begegnet ist oder von der er gehört hat, anwendet. Sicher ist, dass viele, sehr viele Menschen insgeheim die Sehnsucht nach einer solchen Grundorientierung verspüren.

Im Seinsmodus der *Lust, das Gute zu tun*, findet der neue Eros seine größte Genugtuung; und jene Erkennungszeichen, durch deren Aussendung das mutuale Schwingungsfeld erzeugt wird, in welchem höhere Selbsterkenntnis möglich ist, sind immer Zeugnisse dieser Lust. Sie äußert sich in allen herkömmlichen künstlerischen Ausdrucks- und Darstellungsformen als deren eigentliche Triebfeder, aber auch in vielen anderen Bestrebungen und Handlungen: in jeder freien, nämlich von der Grundgebärde her gebenden, schenkenden Tat.

Wir sind damit an einem Punkt unserer Betrachtungen ange-

langt, der die Feststellung rechtfertigt, dass das erwähnte mutuale Schwingungs- beziehungsweise Resonanzfeld im letzten
Grunde *immer* das Feld der Verständigung zwischen dem verkörperten Menschen und dem MENSCHEN jenseits des Menschen ist. In dessen engelvermittelter Nähe hält sich der Ungeborene auf, der ich zuinnerst bin; alles, was ich unter dem
Eindruck der bewundernden «Begegnung mit dem Antlitz des
Nächsten» (Lévinas) vollbringe – sei er mir leibhaftig gegenüber, sei er das immagine del cuor, sei er der MENSCH selbst –,
ist von dort her inspiriert. «Die Aufgabe des Lebens besteht
somit darin, seine Augenblicke in Einklang mit ... demjenigen
zu bringen, was man einmal ‹Führung durch seinen Genius (...
oder Engel)› genannt hat» (James Hillmann). Das ist es, was uns
der Eros der Bewusstseinsseele aufträgt und ermöglicht und
was wie plötzlich hereinbrechendes Licht die Seele des Kindes
als «Lust an der geistigen Zeugung im Schönen» (Tellenbach)
erfüllt: Der Künstler, der jeder Mensch *ist*, kommt zu sich.

Anmerkungen

Die Anmerkungen ergänzen teilweise als Aphorismen und Zitate den Haupttext, der sich labyrinthisch verzweigt hätte, wenn all die erläuternden und verdeutlichenden Fußnoten eingefügt worden wären.

1 Eine simple Psychologisierung liegt vor, wenn von körperlichen Erscheinungen kurzerhand auf seelische bzw. charakterologische Ursachen zurückgefolgert wird. Das bekannteste Beispiel ist die Trivial-Physiognomik (fliehende Stirn = intellektuell minderbegabt und so weiter). Wer aus einem schleppenden Gang ohne weiteres auf allgemeine Willensschwäche schließt, betreibt Charakterologie bzw. Psychologie auf Boulevardzeitungsniveau. Dasselbe gilt für wohlfeile Gleichungen wie: Asthma = mangelnde Mutterliebe; Migräne = sexuell unbefriedigt; Rückenbeschwerden = ohne seelisches Rückgrat; und so weiter. Auch das Gerücht, dass es krebskranken Menschen an Durchsetzungsvermögen mangele, hält sich hartnäckig. Aus demselben Grundmuster ist die Sage abgeleitet, schwache Immunabwehr sei ein Zeichen für seelische «Unausgeglichenheit». Solche Kurzschlüsse sind Ergebnisse eines mechanistischen Menschenbildes, auch wenn sich das mechanistische Denken selbst für ein spirituelles hält. Jeder Mensch ist als geistiges Wesen eine Gattung für sich (Steiner) und als körperliches Wesen ein mit bestimmten Erbanlagen ausgestattetes Exemplar der allgemeinen Gattung Mensch. Das Verhältnis zwischen allgemein-menschlichem, genetisch prädisponiertem und individuell-einzigartigem Wesensanteil gestaltet sich aufgrund der Dominanz und Unberechenbarkeit des letzteren bei jedem Menschen

anders, was wiederum zur Folge hat, dass jeder Mensch anders auf Erziehungs- und Umwelteinflüsse reagiert. In dieser komplexen Dynamik gibt es so viele paradoxe Rückkoppelungen, Anachronismen, Gegenläufigkeiten und Disjunktionen, dass sich ein simpler psycho-physischer Kausalnexus verbietet. Was im Zusammenspiel zwischen Ich, Psyche, Soma und Umwelt für A gilt, gilt mit hoher Wahrscheinlichkeit nicht für B (und auch nicht mehr für A, wenn man ihn/sie drei Jahre später wiedertrifft). Die PNI wird früher oder später diagnostische Kriterien für *konsequent einzelfallbezogene*, die *Erfahrungsgestalt*, das *soziale Umfeld* und den *biografischen Richtungsimpuls* («soul's code» [James Hillmann]) berücksichtigende Ermittlungsverfahren entwickeln müssen, um nicht in eine Situation zu geraten, in der jedes Forschungsergebnis umgehend dadurch widerlegt wird, dass Menschen als lebendige Gegenbeweise auftauchen, für die sich als Immunstimulans erweist, was andere schwächt (oder umgekehrt).

2 Wie wenig das psychologisch (oder besser: «psychosophisch») erweiterte Medizin-Verständnis der Anthroposophie mit simpel psychologisierenden Vorstellungen zu tun hat, zeigt sich schon an Rudolf Steiners bemerkenswertem Hinweis, dass psychische Erkrankungen körperliche Ursachen und körperliche Erkrankungen psychische Ursachen hätten. Lässt man sich auf diesen Gedanken ein, fängt er an, sich in sich selbst zu drehen: Der eine körperliche Krankheit verursachende seelische Konflikt müsste demnach durch eine körperliche Funktionsstörung verursacht sein und diese wiederum durch einen seelischen Konflikt und so weiter und so weiter. Die Quintessenz aus dieser sich überkreuzenden Verursachungsbehauptung wäre, dass hier *gar nichts* im gewöhnlichen Sinne «verursacht», also einfach monokausal ableitbar ist. Das war Steiners unnachahmliche Art, den Materialismus mit seinen eigenen Waffen zu schlagen.

3 Entsprechende Bemühungen finden im Wolfschlugener Janusz-Korczak-Institut für medizinische und pädagogische Menschen-

kunde statt, das im Jahr des Erscheinens dieser Schrift sein zwölf-
jähriges Jubiläum feiert.

4 Vgl. Teil III, 5. – 7. Kapitel.

5 Es ist verständlich, dass in Zeiten der Überstrukturierung aller
Lebensverhältnisse und der Gezwungenheit, sich ständig zu beherrschen, um nicht «aus der Rolle zu fallen», viele Menschen das
Bedürfnis verspüren, einfach ihren einschießenden, impulsiven
Tatimpulsen – dem so genannten «Lustprinzip» – zu folgen. Bei
aller Plausibilität dieses Bedürfnisses besteht aber kein Grund, es
mit Freiheit zu verwechseln. Impulsivität ist Impulsivität, das
kann etwas sehr Angenehmes oder etwas sehr Lästiges sein, man
braucht es jedenfalls von Zeit zu Zeit. *Freiheit* steht aber auf einem
ganz anderen Blatt. Frei bin ich, insofern ich *auch* frei bin in Bezug
darauf, ob ich von Fall zu Fall meinen impulsiven Antrieben folgen will oder nicht.

6 Die auf Steiner zurückgehende so genannte Wesensgliederkunde,
die diesen Betrachtungen zugrunde liegt, aber nicht ihr Gegenstand ist, fasst den Begriff «Leib» viel weiter und differenzierter,
als es gemeinhin geschieht, nämlich als «Gestalt», die über den
physisch-materiellen Aspekt hinaus auch einen funktionell-bild-
nerischen, einen seelisch-charakterologischen und einen Ich-Or-
ganisations-Aspekt hat. Vgl. dazu von R. Steiner beispielsweise
die Schrift *Anthroposophie. Ein Fragment* aus dem Jahre 1910;
Gesamtausgabe (= GA) Bibl. Nr. 45, Rudolf Steiner Verlag, Dornach. – Ansonsten kommt auch an dieser Stelle in Betracht, was
unter Anm. 1 ausgeführt ist.

7 Vgl. Anm. 6.

8 Zum Problem der existenziellen Zentralkonflikte: Henning Köhler,
*Der Mensch im Spannungsfeld zwischen Selbstgestaltung und
Anpassung* (Esslingen 1995) und *Das biografische Urphänomen*
(Esslingen 1998), zwei biografiekundliche Versuche, erschienen bei
«Gesundheitspflege initiativ».

9 Emmanuel Lévinas bezeichnet das Gewahrwerden der Sphäre

des «Es-gibt» als «Schrecken und Verwirrung» für den Menschen, denn «das Ich … wird durch (die) von ihm beherrschten *existants* (etwa: vorgefundenen Realitäten, H.K.) behindert». Er fährt fort: «Um aus dem ‹es-gibt› herauszutreten, ist es nicht notwendig, sich zu setzen, sondern sich ab-zusetzen; einen Akt der Ab-setzung zu vollziehen, in dem Sinne, wie man von abgesetzten Königen spricht. Diese Ab-setzung der Souveränität (= des Beherrschenwollens der *Dinge*, H.K.) durch das *Ich* ist die soziale Beziehung zum *Anderen*, die selbst-lose … Beziehung.» In eine ähnliche Richtung zielt das, was ich im Kapitel «Die Kündigung des contrat social» beschreibe.

10 Allen hohntriefenden Rezensionen zum Trotz liefert Horst-Eberhard Richter in seinem Buch *Umgang mit Angst* eine treffende Charakterisierung der Degenerationserscheinungen im Bereich des Geisteslebens und des Sozial-Zwischenmenschlichen.

11 Die Bewegung der interdisziplinären ambulanten Therapiezentren (Therapeutika) ist zukunftsweisend. Näheres darüber kann in Erfahrung gebracht werden über den Dachverband «Verein für anthroposophisches Heilwesen» in 75374 Bad Liebenzell. – Um aber zum Kern der Gesundheitsfrage, wie sie sich heute stellt, zu kommen, wäre es auch in diesen Zusammenhängen wichtig, noch konsequenter die Rolle medizinaler Reparaturbetriebe zurückzuweisen, mithin den *defektivistischen* Blick auf den leidenden, das heißt in seiner primären, schöpferischen Intentionalität gebrochenen oder, dieser Intentionalität leidenschaftlich folgend, über das Maß seiner Belastbarkeit hinaus strapazierten Menschen zu überwinden. Im Idealfall wäre jedes Therapautikum gleichzeitig ein *Haus der Sinne* (Sinneserfahrungsfelder nach Hugo Kükelhaus, vgl. z.B. Otto Schärli, *Werkstatt des Lebens – durch die Sinne zum Sinn*, AT-Verlag, Aarau 1991), ein *Haus der Begegnung im Zeichen der Kunst* und eine *Denk- und Aktionswerkstatt für basisdemokratische Willensbildung.*

12 Man unterschätzt die Multiplikationseffekte und Kettenreaktio-

nen, die das Richtige, im rechten Augenblick getan, auslösen kann. Eine einzige, konsequent durchgehaltene rhythmische Tonfolge vermag binnen Sekunden ein riesiges, von Hunderten von Teilnehmern vokal erzeugtes Geräuschwirrwarr um sich zu sammeln, auf sich zu konzentrieren und zum wohlklingenden Chor zu ordnen, ohne dass die Beteiligten nachher das Zentrum, von dem die ordnende Kraft ausging, zu lokalisieren wüssten. Umgekehrt kann ein einziger gezielter Mißklang ein ganzes Orchester ins Chaos stürzen. «Gerade so wie Menschen, denen wir offensichtlich rein zufällig begegnen, zu bedeutsamen Wirkungskräften in unserem Leben werden, so wird man selbst, ohne sich dessen bewusst zu sein, zu einem Wirkungsfaktor, der dem Leben der anderen Bedeutung verleiht. Alles verbindet sich miteinander zu einer großen Symphonie, in der jedes Moment … jedes andere prägt …, alles steht in Wechselbeziehung zu allem anderen» (Joseph Campbell, zitiert nach: John Briggs, F. David Peat, *Die Entdeckung des Chaos,* München/Wien 1990).

13   Die Zeit fordert einen Paradigmenwechsel vom *volkspädagogischen* zum *sozialtherapeutischen* Impuls. Wir befinden uns an der bewusstseins- und sozialgeschichtlichen Bruchstelle, wo der volkspädagogische Impuls (der davon ausging, in jeder Epoche sei eine erziehungsbefugte Minderheit dazu ausersehen und angehalten, die erziehungsbedürftige Mehrheit zu belehren) obsolet geworden ist, während der sozialtherapeutische Impuls (demzufolge die gesellschaftliche Frage im radikalen Sinne nicht mehr *Erziehungs-*, sondern *Beziehungsfrage* auf allen Ebenen der sozialen Interaktion ist und nur zu lösen sein wird durch Gestaltungen im Zeichen des – therapeutischen – Prinzips der «Sorge» für- und umeinander) *noch keine* nennenswerte Kraft entfaltet, sondern im Gegenteil, wo er sich schon regt, bestenfalls belächelt, schlimmstenfalls eifernd diffamiert wird. Aus diesem Vakuum ertönt das vorgeblich vernunftgebotene, in Wahrheit nihilistische Credo: «Ende der Utopien!»

14 «Unsere Verpflichtung gegenüber der Seele verlangt Empörung ..., nicht wohlmeinende Unterstützung für den Kompromiss des Mittelmaßes. – Gehen wir den anderen Weg mit der Therapie, in Richtung der Kunst. Dann könnten wir» manche so genannte Pathologie «betrachten als Weigerung, sich zu fügen, und das Behandlungszimmer als ein sicheres Haus für Revolutionäre» (James Hillmann).

15 Als exemplarisch kann gelten, was Johannes Stüttgen über Beuys' legendäres Projekt «7000 Eichen» schrieb, das er wegen seines mehrdimensionalen Prozesscharakters «Zeitskulptur» nennt: «Man sieht, dass erst durch die Hereinnahme der Grundidee ‹Soziale Skulptur› diese Zeitskulptur wirklich vollständig erscheint. Dazu muss nämlich das unsichtbare Geistwesen ‹Plastik›, das nur im reinen Denken auftritt, mit seiner im Stoff der Erde deponierten Zeitsubstanz miterlebt werden. Deutlich wird, dass noch vor der Ausgangsskulptur (Basaltsäulendepot, H.K.) der Gesamtskulptur ‹7000 Eichen› das Zukunftswesen dieser Skulptur selbst liegt, also die Endfigur ihrer eigenen Erfüllung und Vollendung in der Zeit: die Idee ‹Soziale Skulptur›. Ohne sie wäre nichts gewesen und ist nichts und wird nie mehr etwas sein.»

16 Die Leere, von der die Sehnsucht nach sozialbildnerischer Einbezogenheit aufgesogen und *in Angst verwandelt* wird, ist gerade das, wovon das materialistisch beirrte Bewusstsein glaubt, es sei die Fülle: das Sinn-Substitut «Haben» (Besitzen). Die Aufhäufung und Verwahrung von *greifbarem* In-Besitz-Genommenem ist nur *ein* Aspekt des Sogs; abgekoppelt von konkreten materiellen Besitztümern geht die sinnaufsaugende und angstpotenzierende Magie von *Zahlen* aus, durch die ausgedrückt werden soll, welchen Anteil der Schöpfung ein Einzelner in Verwahrung genommen und unter Kontrolle hat. Wer in diese Falle läuft, wird zum Opfer der spezifisch kapitalistischen Wahnvorstellung, monetäre Potenz erhöhe die Lebensqualität, verleihe Würde, rücke

den Menschen somit näher an Gott und verbessere seine Unsterblichkeitsaussichten. Von diesem epidemischen Wahn werden heute immer mehr Menschen schon im biografischen Frühstadium der ersten Lebensentwurfs-Vorentwürfe – nämlich in den Jugendjahren – befallen. Dabei *wäre* ein Zusammenhang zwischen Würde, Unsterblichkeit und Geld in der Tat nicht von der Hand zu weisen, wenn sich Einzelne aus *sozialtherapeutischem Unternehmergeist* schamlos bereichern würden, um die Reichtümer in den sozialplastischen Werkzusammenhang hineinzu*stiften*, also dorthin, wo Ateliers der *Kunst des sozialen Bauens aus dem Geist der Sorge um- und füreinander* (vgl. Anm. 13) gegründet werden. Erlösung des Geldes hieße: Transformation des Wirtschaftswesens in ein Stiftungswesen, dessen Regulator das Geld-, nämlich das Banken-Wesen wäre.

Vgl. dazu beispielsweise Wilhelm Schmundt, *Zeitgemäße Wirtschaftsgesetze,* Achberg 1980; Joseph Beuys u.a., *Was ist Geld?*, Wangen 1991; zu beziehen über den FIU-Verlag/Versand.

17 Es gibt keinen Grund, nicht mit derselben Selbstverständlichkeit von Engeln zu sprechen wie vom Wind. Ich kann natürlich den Wind «unsichtbares Gebläse» nennen. Oder die Engel «unsichtbare erzeugende Kräfte des Gefühls für das Richtige (bzw. der Bilder des Guten)». Man kann natürlich sagen: Diese unsichtbaren erzeugende Kräfte sind doch *in mir!* Zweifellos sind sie in mir. Auch der Wind ist in mir. Bei jedem Atemzug entsteht Wind: einwärts – auswärts. So gibt es auch ein innerliches Atmen, das jene unsichtbaren bilderzeugenden Kräfte in Bewegung bringt: einwärts – auswärts. Allerdings ist die Atmosphäre, in der ich da atme, nicht die physikalische Luft, sondern das immaterielle (schöpferische) Ereignisfeld, von dem die Sinneswelt nur Abbilder liefert, trügerische Abbilder eigentlich, denn das Werdende, Wesenhafte erscheint in der «Unpersönlichkeit des ‹Es-gibt›: ... Weder Nichts noch Sein» (Lévinas). Welche Sinneserscheinungen sind Engel-Abbilder? Das unverkennbar

Menschliche menschlicher Antlitze, das in ihnen aufscheinende Zukünftige, die in sie eingeschriebene Frage nach Gott. Ein – z.B. durch Verbrennungen – schwer entstelltes Menschengesicht wirkt menschlicher als eine perfekte Wachsnachbildung. Warum? Weil die Wachsnachbildung den Du-Sinn – bei R. Steiner Ich-Sinn: Sinn für die An*wesenheit* des unversehrlichen *Ich-bin-der-Ich-bin* im Antlitz des Anderen – suspendiert. Denn vermittelst dieses Sinnes werden wir des Ausdrucks gewahr, den ein Menschengesicht der Nähe des Engels, der atmenden Kommunikation mit der Sphäre der «allernächst an dem Menschen tätigen Wesen» (Steiner) verdankt, die ihm das Gefühl für das Richtige, die Bilder des Guten: *die Sehnsucht* in die Seele legen. Niemand übrigens war, so meine ich, malerisch dem Engelhaften näher als Alexej Jawlenski in der Phase seiner Variationen des menschlichen Antlitzes.

18 Ein knapp dreijähriges Kind saß einmal traumverloren mitten auf einem unasphaltierten Weg und spielte mit Steinchen. Da näherte sich ein würdevoll dreinblickender älterer Herr, blieb neben dem Kind stehen, sah ihm eine Weile zu und sagte dann, an die Eltern gewandt, kopfschüttelnd: «Armes Kind! Muss auf der Straße mit Steinen spielen. Hat es denn gar keine schönen Spielsachen?» So fängt es an. Mit der gesellschaftlichen Geringschätzung des Bauarbeiters oder Verpackers gegenüber dem Modedesigner, Juristen, Filmschauspieler oder Arzt hört es auf. – Irgendwo im Himalaja sitzt vor einer Felsenhöhle ein Mann, der ein Schweigegelübde abgelegt hat. Wenn er nicht schläft, ordnet er unablässig zwölf Steine in immer neuen Variationen an und malt mit dem Finger Zeichen in den Staub. Es scheint eine sehr wichtige Tätigkeit zu sein, die er da seit Jahren Tag für Tag ausführt, aber das verstehen die Menschen nicht, sondern nur die Engel. – Irgendwo in einer deutschen Großstadt lebt ein Mann, dessen Tagwerk darin besteht, Papierfetzen aufzusammeln, mit einem Kugelschreiber Unleserliches darauf zu kritzeln und sie hernach mit Speichel auf

Parkbänke zu kleben. Man sollte ihm ein Facharbeitergehalt dafür bezahlen und, falls er einverstanden wäre, die permanente Aktion einem kunstinteressierten Publikum zugänglich machen. Ob jemand Häuser baut, Waren verpackt, den Reichstag zu Berlin verpackt, Menschenverpackungen (Mode) entwirft, filmschauspielert, Steinchen anordnet, kranken Leuten Medizin verabreicht, bekritzelte Papierfetzen auf Parkbänke klebt oder unter Anrufung großer Alchimisten die Nachbildung einer Zarenkrone in einen Hasen und ein Sonnensymbol umschmilzt, wie es Beuys tat mit der von Stüttgen überlieferten Begründung: «Im Augenblick hängt alles vom goldenen Hasen ab» (ich habe deutlich erlebt, dass der Papierbekritzler etwas erfasst hatte, was niemand – auch ich nicht – nachvollziehen konnte, dass nämlich alles vom Bekleben der Parkbänke mit bekritzelten Papierfetzen abhing) –, die Beurteilung von Sinn und Wert einer beherzt ausgeführten Arbeit, die niemandem schadet (!), sollte den Engeln überlassen bleiben, die besser wissen als wir, worauf die Gesamtprozedur hinausläuft und was sich in der Endabrechnung als das eigentlich Wichtige erweisen wird. Uns obliegt, diejenigen, die arbeiten, materiell freizustellen für ihre Arbeit, ausgehend von der Hypothese, dass es nutzlose Arbeit nicht gibt, es sei denn, sie gereiche anderen (Menschen, Tieren, Pflanzen) zum Nachteil. Wenn man schon per Gehaltsabrechnung Bewertungen vornimmt, dann wäre das einzige angemessene Kriterium die bewusst herbeigeführte oder in Kauf genommene Schädlichkeit für andere. Demzufolge müsste den Führungskräften großer Automobilkonzerne das Geld abgezogen werden, das gebraucht wird, um Leute wie den Zettelkleber oder die Männer von der Müllabfuhr anständig zu bezahlen.

Polemik? Ja, sicher. Vorschläge, mit der Gerechtigkeit ernst zu machen, bewegen sich heute natürlich irgendwo zwischen Polemik und Satire. In diesem Sinne: Mein Engel rät mir, die Gehälter auf der Management-Ebene des Wienerwald-Konzerns drastisch zu senken, damit Leute angemessen honoriert werden können, die etwas mit Sicherheit Unschädliches und möglicherweise sehr Wichtiges tun wie jener früher in Karlsruhe stadtbekannte Alleinunterhalter, der in Kneipen und Cafés Zauberkunststücke vorführte, die nach eingebürgertem Verständnis eigentlich keine waren. Der Höhepunkt seiner Aufführungen: Er zeigte den Zuschauern einen Tischtennisball, den jeder anfassen durfte, um sich von seiner Echtheit zu überzeugen. Dann steckte er den Tischtennisball in den Mund und drehte sich im Kreise. Alle riefen: «Oooh, aaah!» Schließlich spuckte er den Tischtennisball aus, machte einen Luftsprung und verbeugte sich unter tosendem Beifall. Wenn das keine ehrenwertere Arbeit ist als die Massenhaltung von Schlachtvieh! Warum aber ist letztere die besser bezahlte? Weil die Engelinspiration von der Gier nach Brathendln betäubt wird.

19 «Durch die Macht, die das Geld hat in Bezug auf Eigenerhaltung und Machtzuwachs durch Geld, wird (der) elementare Prozess der menschlichen Gleichberechtigung, der menschlichen Effektivität in der Arbeit total zerstört» (Beuys).

20 Die mesosoziale Rechtssphäre ist der Bereich der Klärung der Rechtsverhältnisse innerhalb von Institutionen beziehungsweise Arbeitskollektiven auf der Grundlage dessen, was gesamtgesellschaftlich als Menschen- und Arbeitsrecht vorgegeben ist. Hier in kreative Prozesse der Gemeinschaftsbildung und Selbstverwaltung einzutreten ist etwas heute noch fast gänzlich Unübliches und Unbekanntes. Die Unterscheidung zwischen mikrosozialer, mesosozialer und makrosozialer Ebene geht auf den anthroposophischen Sozialwissenschaftler Dieter Brüll zurück. Mit «Zufluss innovativer Ideen von ‹unten›» ist nichts Geringeres gemeint, als dass die Möglichkeit geschaffen werden müsste, diejenigen, die rein weisungsgebunden als Ausführungsorgane der Unternehmensleitungen arbeiten, in übergeordnete Entscheidungsprozesse einzubeziehen, *wenn sie wollen*. Untersuchungen haben ge-

zeigt, dass Mitarbeiterselbstverwaltung per Verordnung nicht funktioniert; nur manche wollen auf höherer Entscheidungsebene mitdenken und mitgestalten, aber diese wenigen müssten dann auch einbezogen werden; die Aufwertung eines Basisarbeitsfeldes wird nicht dadurch erreicht, dass alle dort Tätigen ihre Kompetenzen erweitern sollen, sondern dass sie es können, wenn sie daran interessiert sind, dass also im Prinzip die Mitwirkung des Fließbandarbeiters in der Produktionsleitung oder der Kassiererin in der Verkaufsleitung erwünscht ist.

21 Dieses Zitat ist einem Vortrag Rudolf Steiners über «Soziale und antisoziale Triebe im Menschen» entnommen (GA 186). Auf die Bedeutung des spiritualisierten zwischenmenschlichen Interesses komme ich im 2. und 3. Teil ausführlich zu sprechen. Zur biografiekundlichen Relevanz der Unterscheidung zwischen sozialen und antisozialen Trieben habe ich mich geäußert in: *Der Mensch im Spannungsfeld zwischen Selbstgestaltung und Anpassung*, Esslingen 1995.

22 Der «contrat social» (Gesellschaftsvertrag) wurde von der politischen Philosophie der frühen Aufklärung als ungeschriebene, sozusagen stillschweigende Übereinkunft zwischen Herrscher und Volk verstanden. Man versuchte die Organisationsformen zu beschreiben, die sich aus den unbewussten Strebungen der Volksseele ergaben. Als «herausgerissen» aus dem Vertrag, also in gewisser Hinsicht darüberstehend, galt zunächst nur der Monarch, erstmals seit Hobbes aber auch dieser nicht mehr uneingeschränkt. Lange währte der Streit, ob sich der höchste, nur vor Gott verantwortliche Gesetzgeber seinen eigenen Gesetzen zu unterwerfen habe oder nicht. Heute ist jeder Einzelne potenziell in der Rolle des «höchsten Gesetzgebers», der mit sich selbst in diesem Streit liegt, sich kraft seines Denkens aus dem Vertrag entbindet, der ihm zugleich Handlungsgrenzen setzt, und zur Teilnahme an dessen permanenter Umgestaltung aufgerufen ist. Um dieser veränderten bewusstseinsgeschichtlichen Situation

gerecht zu werden, ist es notwendig, dass Gesetzesinitiativen von «Einzelnen aus der Mitte des Volkes» ausgehen und recht*gültig* werden können. Hierzu eignet sich zum Beispiel das Verfahren der *dreistufigen Volksgesetzgebung*, das im Achberger Institut für Dreigliederungsentwicklung ausgearbeitet wurde.

23 Im Fortgang der Darstellung wird gezeigt, was das für die veränderte menschliche Seelenlage im «Bewusstseinsseelenzeitalter» bedeutet. Im Bewusstsein des antiken Griechentums entzündete Eros, Sohn des Ares und der Aphrodite, die Lust an der schönen Körpergestalt als 1) sinnliche Lust, 2) künstlerische Lust, 3) geistige Lust, von der sinnlichen Gestaltwahrnehmung zur übersinnlichen fortzuschreiten. Somit galt schon damals als höchste Stufe des Erotischen das geistige Verstehen: die Anschauung des rein Ideellen, das sich in der menschlichen Erscheinung offenbart. Aber nicht in erster Linie der individuelle Mensch in seiner Einzigartigkeit war Gegenstand dieser spirituellen Lust, sondern das allgemeine Menschenbild. Der Eros der Bewusstseinsseele betont den Einzelnen: nicht als Exemplar der Gattung, sondern als denjenigen, der die Gattung transzendiert. Erst die Emanzipation vom «naturreinen» Menschen-Ideal eröffnet die Perspektive auf den MENSCHEN beziehungsweise die menschliche Freiheitsgestalt, nämlich auf die Überwindung des Grundwiderspruchs zwischen Einsamkeit im Sinne von Vereinzelung, Individuation, und Einigkeit im Sinne von Selbstaufgabe und mystischem Einssein. Der schöpferische Mensch (homo creator) als Vermittler zwischen diesen beiden polaren Seinsmodi und Sehnsuchtsrichtungen, dessen Trachten es ist, diese aus dem Entweder-oder-Schisma zu erlösen und im Sowohl-als-auch zu integrieren (der Einsicht folgend: Selbstüberschreitung auf den MENSCHEN hin ist Vollendung der Individuation), zieht den neuen Eros als *Kraft der verstehenden Bewahrheitung* auf sich. *Die erotische Faszination wird immer weniger vom makellosen Leib, immer mehr von der kreativen Präsenz eines Menschen aus-*

gehen. Da dieser Prozess schon im Gang ist, wächst die Gefahr, dass sich die sexuelle Anziehung von der erotischen abspaltet; das führt dann etwa zur Unterscheidung zwischen Menschen, die man schätzt und bewundert, und solchen, mit denen man ins Bett geht; immer mehr junge Menschen erzählen mir, dass sie diese verwirrende Spaltung bei sich feststellen.

24 Die repressive Tendenz zeigt sich unter anderem in der neuen Euthanasie-Debatte, die unter dem irreführenden Begriff «Bio-Ethik» geführt wird (vgl. Jens Heisterkamp, *Der biotechnische Mensch*, INFO-3-Verlag, Frankfurt a.M. 1994).

25 Ob es auch im metaphysischen (außersinnlichen) Raum so etwas wie Kontraste gibt, sei dahingestellt. Das mögen diejenigen Geistes- und Reinkarnationsforscher beurteilen, die Mitteilungen darüber machen können, welche Stadien die entkörperte Seele zwischen Tod und neuer Geburt durchläuft. R. Steiners Darstellungen legen den Schluss nahe, dass sich «auf der anderen Seite» durchaus nicht alles in Wohlgefallen auflöst. Wir sprechen aber jetzt von den Kontrasten, die sich daraus ergeben, dass der Mensch als geistig-seelisches Wesen in das Raum-Zeit-Kontinuum der physisch-materiellen Welt gestellt ist. Und wir sprechen von dem Zentralkonflikt, der sich daraus ergibt, dass ein Teil unseres seelischen Lebens in das transzendenzfähige denkende Bewusstsein hinauffragt und dadurch tendenziell auf sinnesfreie Erfahrungen gerichtet ist, während ein anderer Teil den physisch-leiblichen Gesetzen, Bedingungen, Begrenzungen unterworfen bleibt. Dieser konstituiert die Welt der Polaritäten als Widerspruchswelt, schismatische Welt, jener steigert sie zur dialektischen – in der platonischen Bedeutung – Welt der Versöhnung von Gegensätzen in der Perspektive der Sinnhaftigkeit. Das Licht verdankt seinen *Sinn* der Finsternis; Finsternis ist Lichtbasis; das dem Licht-Finsternis-Schisma übergeordnete Sinnhafte ist die Qualität der Auflichtung bzw. die geistige Tätigkeit des «Lichtens» oder «Raumens».

26 Es würde die psychologische Wissenschaft einen riesigen Schritt voranbringen, das Komplementärgesetz als *Bewegungsgesetz* zu studieren. Jede Zeitigung (in der Zeit sich vollziehende Ereignung) erfolgt gegenströmig zu einer komplementären, das heißt rückwärtsverlaufenden Bewegung, die im Augenblick der Initialzündung mit ausgelöst wird. Es kann geschehen, dass bei einem Menschen der Komplementärprozess chronisch zu schwach ist, dann neigt er dazu, sozusagen mit Überschallgeschwindigkeit in die Zeitigung hineinzuschießen, und es knallt dauernd; oder der Komplementärprozess ist zu stark, sodass die Gefahr besteht, dass immer das Gegenteil von dem geschieht, was geschehen soll. Aber auch wenn keine Einseitigkeit nach der einen oder anderen Richtung vorliegt, erzeugt jeder intentionale Akt ein paradoxes Feld, das umso deutlicher erlebt wird, je bewusster man eine Handlung vollzieht. – Es gibt deshalb im Prozess der Selbsterkenntnis – also der Erhöhung der Aufmerksamkeit für das eigene Handeln und für die Motive, von denen es bestimmt ist – eine Schwelle, an der so etwas wie Lähmung eintritt unter dem überstarken Eindruck des paradoxen Feldes: Man muss mit dem Gefühl fertig werden, dass man immer, wenn man etwas will, sofort auch das Gegenteil will bzw. die Plausibilität des Gegenteils stark erlebt; die Mühsal der Freiheit tritt offen zutage. Dies kann kulminieren in jener Grunderfahrung des Tragischen, die darin besteht, dass jeder starke Hoffnungsimpuls von einem ebenso starken Eindruck des unvermeidlichen Misslingens konterkariert wird, also jeder Auf-Bruch im Sinne des Wiederansetzens am «biografischen Empfängnispunkt» das Gespenst des «biografischen Todes» heraufbeschwört, nämlich des existenziellen Dramas, das in der neueren Philosophie – z.B. bei Sartre – im Begriff des *Scheiterns* verdichtet ist. An diesem Punkt fällt der Sinnsucher entweder in die *Angst vor dem Wesentlichen* zurück und relativiert sicherheitshalber alles, was ihm heilig war, oder er bricht

durch zur «Perspektive der Heiligkeit» im «ganz und gar nicht theologischen» Sinne (Lévinas), nämlich zu den ersten Umrissen der MENSCH-Imagination.

Davon wird in Teil III die Rede sein. Die Begriffe «biografischer Empfängnispunkt» und «biographischer Tod» sind unter anderem Gegenstand meiner Studie *Das biografische Urphänomen*, Esslingen 1998. Im vorliegenden Zusammenhang erscheint dieses Phänomen wieder in Teil III, im Kapitel «Ungeboren geboren» und den folgenden Kapiteln.

27 In Antoine de Saint-Exupérys Dichtung *Der kleine Prinz* ist «Zähmung» das behutsame Sich-vertraut-Machen beziehungsweise das aufmerksam-abwartende Verstehenlernen.

28 Der «Erfolgreiche» ist heute in der Regel der optimal Instrumentalisierte, der seine Angepasstheit zu vermarkten versteht. Es gibt noch Nischen für unangepasste Erfolgsgeschichten mit relativer Öffentlichkeitswirksamkeit, aber diese Nischen werden immer enger. Viele Menschen müssen sich entscheiden: Äußere Karriere oder festhalten an Idealen? Prestige oder Qualität? Ran an die Geldtöpfe oder konsequente Wertarbeit? Die inflationäre Verwendung der Worte «innovativ» und «kreativ» für – näher betrachtet – völlig uninteressante, nebensächliche bis überflüssige Sperenzchen zeigt an, dass sich das *wirklich* Innovative und Kreative zunehmend im Verborgenen, außerhalb des ganzen Mediengeschreis, unbeeindruckt von der technologischen und kapitalistischen Modernisierungseuphorie vollzieht. Figuren wie Beuys werden aller Wahrscheinlichkeit nach auf längere Sicht nicht mehr in Erscheinung treten. Der Typus des aufsehenerregenden, polarisierenden, medienpräsenten und doch (!) geistig hochkarätigen Kulturrevolutionärs gehört der Vergangenheit an. Beuys hätte bereits heute keine reelle Chance mehr. Die klassische Avantgarde ist mausetot. Ich sage das nicht mit dem triumphierenden Unterton, mit dem es die Lautsprecher des neuen Konservativismus überall herumerzählen, sondern ich sage es zugegebenermaßen traurig.

Aber vielleicht ersteht ja eine neue Avantgarde nach dem *grass-roots*-Prinzip: still, unprätentiös, geduldig und – wenn wir Glück haben – unausrottbar. Sie könnte sich in der Schlussbilanz als die erfolgreichere erweisen.

29 Jacques Lusseyran, *Gegen die Verschmutzung des Ich*, diverse Ausgaben, zuletzt Verlag Freies Geistesleben, Stuttgart 1997. Ich halte das Büchlein nicht durchgehend für gelungen und kann mich denen, die es wie eine kleine heilige Schrift handeln, nicht anschließen. Aber es ist ein literarisches Dokument humanistischen Denkens, das Beachtung verdient.

30 Über das «defektivistische» Verständnis menschlichen Leidens oder einfach Andersseins habe ich mich ausführlich geäußert in *«Schwierige» Kinder gibt es nicht*, Stuttgart 1997, zum Beispiel in dem Kapitel «War Beethoven ein Fehlschlag?»

31 «Der Mensch ist Weltgestalter, indem er sich in die Welt hineingestaltet auf die Liebe hin. Das ist sein innerster Impuls, der Ursprung der Sehnsucht und der Hoffnung, das eigentliche Projekt. – (So verstandene) Gestaltwerdung ist zugleich Umgestaltung des Bestands. Damit ist im Grunde genommen das evolutionäre Prinzip beziehungsweise die ‹plastische Kategorie› (Beuys) umschrieben.» (Aus H. Köhler, *Das biografische Urphänomen. Vom Geheimnis des menschlichen Lebenslaufes*, Esslingen 1998.)

32 James Hillmann an Michael Ventura: «Vielleicht liegt die einzige Möglichkeit, moralisch aufrichtig zu sein, darin, dysfunktional zu werden. Und dies ist kein sehr gemütlicher Platz, Michael. Aber wenn man an diesem ungemütlichen verrückten Platz ist, weiß man wenigstens, dass man sich nicht dem Mittelmaß ergeben hat.»

33 Der Satz «Ich habe mich in voller Freiheit dafür entschieden, meinen Freund zu hintergehen und zu betrügen» ist Unsinn. Die Motive des Hintergehens und Betrügens eines Freundes sind solche, denen ich, der ich den Freund lieber *nicht* hintergehen und

betrügen würde, *mich beuge.* Es kann sein, dass ich plausible, ja eben *zwingende* Gründe für diese Handlungsweise habe, aber es ist gewiss keine Handlungsweise, auf die ich liebend hinblicke, also keine *freie* Handlungsweise, sondern eine solche, zu der *ES mich drängt.* Der heimtückisch, rücksichtslos, bösartig Handelnde ist immer der *Gebeugte*, vom Nicht-Ich Geknechtete. Deshalb konnte Paulus schreiben: «Sünde ist, so du tust, was du nicht willst.»

34 Vgl. Teil II, Kap. «Sein zum Sinn» und «Der Tranquilizer-Effekt».

35 Zu diesen «Totschlagmethoden» gehört im Kindesalter zuvorderst die irrigerweise Lernen genannte Abfütterung mit intellektuellem Wissen, besser gesagt: mit massenhaft abrufbaren Informationen, deren Archivierung im Gedächtnis nichts Geringeres bewirkt als die Lähmung des lebendigen, schöpferischen Denkens. Wozu sollen Kinder alles Mögliche auswendig lernen, was sie später ebenso gut in Büchern nachschlagen können? Der menschliche Geist ist keine Diskette; behandelt man ihn so, als wäre er eine, ruiniert man seine wichtigste Eigenschaft: die Fantasie. Immer mehr Schüler sind am Ende ihrer Schulzeit so weit, dass sie Denken als etwas für die Alltagsbewältigung zwar bis zu einem gewissen Grad Notwendiges, aber ansonsten sehr Unerfreuliches ansehen: Man vermeidet es, wenn man irgend kann, weil man erlebt hat, dass es ein ebenso mühseliges wie sinnloses Geschäft ist. Die allgemeine Trägheit des Denkens (von der so genannte gebildete Kreise nicht etwa ausgenommen, sondern, wie sich immer deutlicher zeigt, *ganz besonders* befallen sind) ist ein unmittelbares Ergebnis intellektuell überfrachteter Beschulung. Jugendliche Schulleistungsverweigerer, die tief innen spüren, dass der Weg zum Abitur oder zur FH-Reife an der Substanz ihrer Kreativität zehren würde, geraten ins Abseits. Ergebnis: Die fähigsten Leute sitzen immer seltener in führenden Positionen. Man sollte den rapiden geistigen Abstieg der so genann-

ten Eliten in Politik, Wirtschaft und Kultur auch einmal unter diesem Aspekt betrachten. Ich nenne das eine schleichende Katastrophe.

36 Wir stehen damit vor einer eminent wichtigen sozialtherapeutischen Frage. Beschützende Gemeinschaften für behinderte bzw. nicht ohne Begleitung und Betreuung lebensfähige Menschen haben die Aufgabe, nicht nur einen Rahmen der sozialen Geborgenheit herzustellen, sondern auch und besonders den zu Betreuenden das Gefühl zu vermitteln, dass sie Wesentliches beitragen zum inneren Zusammenhalt des sozialen Gefüges. Dazu müssen diejenigen, die dieses Gefühl vermitteln sollen, erst einmal wirklich davon überzeugt sein, sodass sich die Frage zuvorderst als Bewusstseinsfrage, dann als Gestaltungsfrage stellt. Das «humane Verwahren und Verwalten» Behinderter unter Umgehung dieses Problems ist eine subtile Form der sozialen Grausamkeit.

37 Der Unersetzlichkeitsgedanke (jeder Einzelne erfülle eine unersetzliche Aufgabe im Weltzusammenhang) ist natürlich heute nicht nur umstritten, sondern gilt als Relikt eines längst überwundenen romantisierenden Individualitätsverständnisses, bar jeder vernünftigen Grundlage. Nachdem der radikale Atheismus sich durchgearbeitet hat zur vollständigen Absage an alle «Illusionen» des idealistischen Ich-Begriffs und die Philosophie als sinnsuchende Wissenschaft ihr vorläufiges Ende fand in der Aufforderung an den Menschen, sein im Maßstab von Jahrmillionen der Evolution sekundenbruchteilkurzes Dasein und folgenloses Erlöschen, seine Nichtigkeit im Kosmos zu akzeptieren (hier traf sich der materialistisch kulminierende neue Okzident interessanterweise mit dem alten Orient), ist man zur Tagesordnung der möglichst zweckmäßigen, lustvollen und bequemen Einrichtung des Lebens in seiner Endlichkeit und Bedeutungslosigkeit übergegangen, läuft doch dieses Leben von Anfang an auf das unwiderrufliche Nichts zu, das allmähliche Verschwinden. Ich halte die atheistische Zertrümmerung des aufgeblähten Ego für einen

nützlichen und unvermeidlichen Vorgang, ebenso die damit ein-hergehende Radikalisierung des Zweifels an aller höheren Be-stimmung und göttlichen Fügung, hingegen den genannten Übergang zur positivistischen «Tagesordnung» für ein geistiges Trauerspiel. *Qualitativ*, nicht quantitativ betrachtet, erhebt sich die Frage, wie es zugehen sollte, dass die Individualität ersetzlich wäre: als ein Geistwesen, welches sich *im Mittelpunkt des Welt-geschehens* aufrichtet (subjektiv, gewiss; wie sonst?), sich als Weltzusammenhang stiftend, *Welt erzeugend* erfährt und das un-geheuerliche Ereignis Liebe auszulösen vermag. Die Legende von der gigantischen Ich-Illusion, bei der wir uns dank unserer verdienstvollen materialistischen Entmystifizierung des Den-kens angeblich selbst ertappt haben, sollte allmählich zu den Ak-ten gelegt werden; ihr philosophischer und psychologischer Er-kenntniswert liegt bei Null. Zumal gar nicht einzusehen ist, war-um ausgerechnet diese «Erkenntnis» keine Illusion des ansons-ten so komplett illusionären Menschengeistes sein soll. Die phä-nomenologische Betrachtungsweise ist und bleibt die redlichste, und sie sagt uns in Hinsicht auf das Singularitäts- beziehungs-weise Unersetzlichkeitsproblem: Wenn ein Mensch einen ande-ren liebt, ist der Geliebte ein ganz und gar unersetzliches Wesen, mag es auch *theoretisch* hunderttausendfachen Ersatz geben. Hier wäre es angebracht, vorurteilslos die Stichhaltigkeit der Ar-gumente zu prüfen, die man für die Behauptung anführt, diese Unersetzlichkeitserfahrung sei keine reale Wahrnehmung, son-dern eine Art Sinnestäuschung.

38 Vgl. Anm. 8 und 21. Steiners Ausführungen über soziale und antisoziale Triebe im Menschen harren der Wiederentdeckung als sozialwissenschaftliches Studienmaterial ersten Ranges.

39 Wer, wie Frankl, die Hölle des Konzentrationslagers durchge-standen hat und davon berichtet, wie es sogar noch in einer sol-chen Situation möglich ist, zum *Sinn* durchzubrechen und Hoff-nung zu schöpfen, braucht sich die Autorität, gegen fadenschei-

nige Harmonieseligkeit zu wettern, nicht anzumaßen, sondern ist einfach diese Autorität, und man kann sich in diesem Punkt keinen glaubwürdigeren Zeugen wünschen.

40 *Homo ludens* ist der «Spielende», zur Qualität des kreativen Tuns um der ernsten Freude am Tun selbst willen vorgedrungene Mensch, im Unterschied zum nur zweckmäßigkeitsgelenkten *homo faber*. Wer den *homo ludens* erwähnt, nimmt, gewollt oder ungewollt, philosophiegeschichtlich Bezug auf Friedrich Schillers Begriff des «Spieltriebs» *(Briefe zur ästhetischen Erziehung des Menschen)*. In der Begrifflichkeit, die ich in diesem Buch vorschlage, erscheint der *homo creator* oder «Künstlermensch» als *Steigerung* des *homo ludens*, insofern das, was letzterem reine spielerische Freude ist, bei jenem zur Stufe der Liebe empor-wächst. Man braucht sich aber um *solcherart* Begriffe nicht zu streiten. Bei Eckhard Schiffer (vgl. Literatur) ist der *homo creator* derjenige, der um jeden Preis etwas erzeugen, hervorbringen muss und dadurch die Unbefangenheit des zweckfreien Spieleri-schen verliert. Für mein Verständnis wäre dies eine Variante des «homo faber».

41 Die Evidenz ergibt sich im Einzelfall: situations- und individua-litätsspezifisch. Das heißt, man erlebt in der therapeutischen und beratenden Tätigkeit immer wieder, wie sich in das Bemühen um Aufrichte-Hilfe für «zusammengesackte», psycho-somatisch ge-kränkte Menschen die Sinnfrage unweigerlich mehr und mehr hineinschiebt. Die Betroffenen signalisieren – ganz ohne Auffor-derung oder Suggestivbefragung – von sich aus, dass mit Symp-tomlinderung oder -beseitigung nichts Entscheidendes getan wäre, wenn es nicht gelänge, zum Kern der Not vorzudringen, also etwas zu tun gegen den beängstigenden «Energieausfall» im Sein-Sinn-Spannungsfeld. Jeder Schnupfen, jedes Bauchgrim-men wird zur existenziellen Notlage, wenn dem Menschen die Kraft fehlt, sich darüber hinwegzusetzen im «Sich-als-Geist-Fühlen» (Steiner). Und wenn das Selbst-Bewusstsein in körperli-

chen Beschwerden «versackt», verschlimmert und verlängert
dies erfahrungsgemäß die Beschwerden.

42 Es deutet sich an, dass im allgemeinen Bewusstsein zwei Extrem-
zustände menschlichen Seins zum Inbegriff des Unerwünschten,
Widerwärtigen, Bedrohlichen oder doch zumindest Lästigen
und die Lebensqualität Mindernden werden. Erstens Schwangerschaft, Geburt und Kindheit; unsere Lebenswelt ist so eingerich-
tet, organisiert und verwaltet, als gäbe es keine Kinder. Verhü-
tung, Abtreibung, pränatale Diagnostik, alles läuft darauf hinaus,
dass ein Kind im Allgemeinen ein Störfaktor und allenfalls dann
akzeptabel ist, wenn es keine Scherereien macht und pflegeleicht
nebenherläuft; in der Tat verschiebt sich die Alterspyramide von
Jahrzehnt zu Jahrzehnt zu Ungunsten der Kinder, die Tendenz
geht zur kinderlosen Gesellschaft. Zweitens Alter und Tod; zwar
überaltert die Gesellschaft, es stehen immer mehr alte Menschen
immer weniger Kindern gegenüber, aber paradoxerweise wird
die ständig wachsende «soziologische Schicht» der Alten sukzes-
sive an den Rand gedrängt, diskriminiert, als Ärgernis behandelt,
was den tieferen Grund hat, dass die Ausgrenzung alles dessen,
was an den Tod erinnert, ein wahnhafter kollektiver Reflex im
Materialismus ist. Zwischen ausgeblendeter Kindheit und aus-
gegrenztem Alter erhebt sich als geist- und seelenloses Ideal-
Substitut der perfekt durchtrainierte, glatte, vitalitätsstrotzende,
alterslose und unablässig grinsende Barbiepuppenmensch, der
Holywood-Homunkulus; die Menschen spüren zwar das Grau-
en, das von dieser Gestalt ausgeht, sehen aber den Zusammenhang nicht. Auf Werbeplakaten und Illustriertentiteln posiert,
über Bildschirme flimmert: *der Tod mitten im Leben!* Aber nicht
der von Angelus Silesius gemeinte («Wer nicht stirbt, bevor er
stirbt, wird auf ewig sterben»), sondern der Sinn-Tod, das makel-
lose Nichts in Menschengestalt.

43 Karma als Gesetz der unerbittlichen Vergeltung und Äonen
übergreifenden Kausalität des geistig-seelischen Werdens in der

153

Schuldverstrickung ist eine Idee, in der sich das moderne Bewusstsein nicht wiederfinden kann. Ihr Duktus entspricht einer Bewusstseinsverfassung, in der die Freiheitsfrage noch nicht aktuell und die Liebe noch nicht als Ursprung und Ziel der Evolution denkbar war, also einer vorchristlichen Bewusstseinsverfassung – wobei sich das eigentliche christliche Denken am wenigsten in den Machtzentren des doktrinären Christentums ausfaltete, sondern im Gegenteil von dort aus bekämpft wurde und wird. Karma hingegen als lebensthematischer biografischer Richtungsimpuls auf die Liebe hin (!), durch den wir die tiefe Sehnsucht verspüren, unsere *Liebesversäumnisse* aus anderen, früheren Zeiten und Konstellationen wettzumachen, also Wiedergutmachung zu leisten für Taten der Nichtliebe und somit *unfreie* Taten, ist etwas völlig anderes und verträgt sich nicht nur mit der Freiheitsidee, sondern verleiht dieser eine ganz unerwartete Glaubwürdigkeit. Was Steiner in seinem Vortrag «Die Liebe und ihre Bedeutung in der Welt» (in GA 143) ausgeführt hat darüber, dass durch Liebestaten sozusagen «Schulden» beglichen werden, rückt die Ideen von Karma und Reinkarnation erst in das rechte Licht und löst den vermeintlichen Widerspruch zwischen Schicksal und Freiheit auf. Die vorliegende Schrift kann auch als ein Versuch gelesen werden, in dieser Richtung zur Erarbeitung von Urteilsgrundlagen beizutragen. «Auf der Suche nach dem Ursprung der Sehnsucht» heißt auch: «auf der Suche nach dem Sinn des Wiederkommens».

44 «Ein Satz, den Beuys 1978 mit Bleistift auf leere Pommes-Frites-Pappteller schrieb und signierte», erinnert sich Stüttgen.

45 Ich glaube nicht, dass es keine Missgeschicke und Irrtümer gibt (wie manche Anhänger der karmischen Determination behaupten). Das würde ja bedeuten, dass wir keinen Anlass zur Selbstkritik hätten und das Prinzip «Lernen aus Fehlern» hinfällig wäre. Damit wäre aber Bewusstseinsentwicklung als solche hinfällig, denn wir lernen aus nichts so entscheidend und so gründ-

lich wie aus Fehlern und Irrtümern. Die Beurteilung allerdings, was in der jeweiligen Zwischenbilanz rückblickend als Fehler/ Irrtum/Missgeschick zu betrachten sei, verlangt einen ausgeprägten Sinn für komplexe Zusammenhänge, eine hohe Souveränität gegenüber konventionellen Maßstäben und eine spirituelle Objektivität, die wir oft nicht aufbringen; denn mancher vermeintliche Fehler erweist sich bei gründlicher und vorurteilsfreier Prüfung als äußerst sinnvolle Tat und mancher wohlerwogene Schritt als Fehler; manches Missgeschick kann durch das, was wir schlussendlich daraus machen, in ein tragendes biografisches Gestaltelement umgewandelt, mancher mit Recht als tief wahrhaftig empfundene Schritt durch nachfolgende Unachtsamkeiten zur Fehlleistung werden. Ausschlaggebend ist für die hier vertretene biografiekundliche Auffassung immer der *gesamtkompositionelle Prozess*, also gewissermaßen der Arbeitsstil: Es geht zeitlebens darum, über Hindernisse hinweg und durch Irrtümer hindurch immer wieder zurückzufinden zum eigenen Stil: zum Handeln in der autonomen (übergeordneten) Sinnperspektive, die, wie ich in dieser Schrift zeige, keine andere sein kann als eine auf das Du gerichtete (im Sinne von «Sorge» um die Mitmenschen und die Menschheit). Deshalb ist ein ausnahmslos gültiges Unterscheidungskriterium zum Beispiel zwischen einer «biografiethematisch sinnvollen Strapaze» und einem «bloßen Missgeschick» (welches, wie gesagt, im Kontext der Gesamtkomposition kein Missgeschick *bleiben* muss) die selbstkritische Motivforschung daraufhin, ob das, was ich tue, was ich auf mich nehme, von einem Gefühl besorgter Zuneigung zu den Menschen beziehungsweise von einer deutlichen Empfindung des «für» (vgl. Teil II, Kap. «Für dich») begleitet ist: von dem zumindest «leise unten anklingenden» (Rudolf Steiner) Wunsch, zu *verstehen* und zu *schenken*. Mancher fühlt sich gedrängt, die Abgründe des Menschseins auszuloten, weil er die Schönheit des Menschen entdecken und triumphierend vorzeigen will gerade dort, wo alle

Welt nur Hässlichkeit sieht. «Die Einweihung findet am Haupt-
bahnhof statt» (Beuys). Ich kann sagen, dass ich als Drogenfreak
unter Drogenfreaks, Heruntergekommener unter Heruntergekommenen, Penner unter Pennern, an den Seitenausgängen der
Hauptbahnhöfe deutscher Großstädte, in den speziellen Parks,
Kneipen, Altstadtvierteln und so weiter, die von anständigen
Bürgern gemieden werden, jene Ur-Erlebnisse hatte, die mein
heutiges Welt- und Menschenbild prägen und mich auf den Weg
gebracht haben, im Denken und Handeln das Prinzip der gegenseitigen Hilfe in Verbindung mit der Kindheitsidee als mein Le-
bensthema zu erkennen. Ich wäre damals fast auf der Strecke
geblieben. Aber wäre ich damals *nicht* beinahe auf der Strecke
geblieben, hätte ich einige zentrale Erfahrungen versäumt, aus
denen ich bis heute Kraft beziehe.

46 Bei einem bestimmten Typus des kreativen Menschen scheint
zumindest phasenweise die «ruinöse Lebensführung» geradezu
eine Bedingung für Glanzleistungen zu sein, so als müsse etwas
zerstört werden, damit etwas anderes erstehen kann. Georg
Trakl brachte in seinen Zeiten zwischen sprachschöpferischen
Geniestreichen und selbstzerstörerischer Lebensführung die
Verleger zur Weißglut, weil er ständig die Drucklegung seiner
Gedichte verzögerte, um wieder und wieder ein Wort zu ändern,
einen Satz umzustellen. Für wen ließ denn wohl dieser tief mit
sich selbst zerworfene, sich mutwillig quälende Mensch derarti-
ge *Sorgfalt* walten? Wem galt dieses hohe künstlerische Verant-
wortungsethos? Den Lesern. Wem sonst? Er ruinierte sich selbst
und verwandte zugleich unendliche Mühe darauf, dass an dem,
was er zu *schenken* hatte, kein Makel, keine Nachlässigkeit sei. –
Ein Beispiel für einen konstitutionell gebrechlichen, zeitlebens
kränklichen Menschen mit nahezu übernatürlicher Energie für
das Gute war Bettina von Arnim, die Goethe-Freundin, Roman-
tikerin, gute Fee der Armen und Kranken, Visionärin der Kunsttherapie (die sie für die Resozialisierung von Strafgefangenen

vorschlug, weil sie Verbrecher für irregeleitete kreative Genies hielt), mutige Kritikerin der Obrigkeit. Auch Joseph Beuys ist wahrlich mehrere Tode gestorben; mindestens zwei Stationen seines Lebens waren dermaßen hart, dass sich ein Mensch normalerweise nicht wieder von so etwas erholt.

47 Vgl. Anm. 21.

48 «Regelmäßiger, gesunder Schlaf» ist bei näherem Hinsehen allerdings mehr als nur eine biologische Angelegenheit. Es kommt auch darauf an, ob in der richtigen Weise das Wachbewusstsein durch das Schlafbewusstsein belehrt wird. Näheres dazu in: H. Köhler, *Vom Rätsel der Angst*, Stuttgart [3]2000.

49 Ich beziehe mich hier auf die Märchendichtung «Das kalte Herz» von Wilhelm Hauff. Dort schlägt der Holländer-Michel, ein böser Geist, denen, die er für anfällig hält (zum Beispiel weil sie in Schwierigkeiten stecken), das Geschäft vor, ihnen ihr Herz abzukaufen. Sie bekommen ein steinernes Ersatzherz und ansonsten so viel Geld (respektive Wohlstand und Ansehen), wie sie nur wollen. Nie wieder, so verspricht er ihnen, müssten sie sich mit der lästigen Gewissensstimme herumplagen, sondern könnten sich ihr Leben ohne Schuldgefühle, ganz nach dem (wie man heute sagen würde) Lustprinzip einrichten. Es wird beschrieben, wie ein Junge auf den Handel eingeht und in Saus und Braus unglücklich wird, bis ein guter Geist (das Glasmännlein) ihn rettet.

50 In *«Schwierige» Kinder gibt es nicht*, Stuttgart [4]1999.

51 Bubers Begriff der «zu erfahrenden» Welt entspricht etwa dem «Schrecken» des «Es-gibt» bei Lévinas bzw. dem, was ich als «Bestands- und Wiederholungswelt» bezeichne.

52 Steiner sagte in diesem Zusammenhang, die «irdischen Einflüsse» hätten die Auswirkung, «dass der Mensch eben die Kunst des Atmens nicht mehr richtig versteht». (An anderer Stelle heißt es: «Im Atemprozess werden wir Seele.» Vgl. dazu das Kapitel «Wille – Außenwelt – Zukunft» in meinem Buch *Die stille Sehn-*

sucht nach Heimkehr, Stuttgart ²1995.) Und er fährt fort: «Der ist ein Narr, der glaubt, wir bestehen auf der Erde als Menschen aus dem, was schwer ist, aus dem Kerl bloß, den wir auf die Waage legen und abwägen. Den brauchen wir gar nicht. Der ist ein Narr, der glaubt, wir bestehen aus diesen materiellen Stoffen, die ein Gewicht haben.» – Wer «nachgedacht hat, der weiß, dass alles Heilen eigentlich darinnen beruht, dass man den Menschen wieder wegkriegt vom irdischen Einfluss» (in: *Über Gesundheit und Krankheit,* GA 348).

53 Auch Jaspers stellt fest, dass das «Äußere» erst dann der Freiheit nicht mehr im Wege steht, wenn es «mir nicht mehr fremd bleibt, (sondern) gewusst und gestaltet ist». Freiheit sei letztlich «der Anspruch, aus eigenem Ursprung zu wollen durch Werfen des Ankers im Ursprung aller Dinge».

54 Vgl. dazu Teil I, Kapitel «Das Komplementärgesetz» und folgende Kapitel.

55 Als ich an meinem Büchlein *Das biografische Urphänomen. Vom Geheimnis des menschlichen Lebenslaufes* (Esslingen 1998) arbeitete und dort nach einem Appell zur «Rehabilitation des Geheimnisbegriffs» den Terminus «Geheimnisbezirk» als Dreh- und Angelpunkt der Betrachtung einführte (angeregt beziehungsweise ermutigt unter anderem vom Titel des Vortrages von Johannes Stüttgen «Der Geheimnischarakter der Kunst und die Klarheit der Begriffe der sozialen Skulptur», FIU-Verlag, Wangen), war mir noch nicht klar, welche Arbeit E. Lévinas in Bezug auf die, ich möchte sagen: Phänomenologie dessen, «was in einer Welt, in der alles da ist, niemals da ist», in Bezug also auf das «Geheimnis» des MENSCHEN jenseits des Menschen geleistet hat. Man könnte sich übrigens, wenn bei Rudolf Steiner zuweilen von «okkulter» oder «geheimer» Wissenschaft die Rede ist, um der Sachlichkeit willen die üblichen polemischen Reflexe verkneifen und einfach zur Kenntnis nehmen, dass das Gebiet der «offenbaren Geheimnisse» (Goethe) des menschlichen Geistes

auch nicht anrüchiger ist als etwa dasjenige der Astrophysik, wo sogar viel unbekümmerter als in der Anthroposophie mit Begriffen operiert wird, die das logische Verstandesdenken sprengen. Schwarze Löcher, Antimaterie, Quantensprünge, Zeitparadoxien, im Unendlichen sich krümmende Linien und so weiter – die Astrophysik ist eine ganz gehörige «Geheimwissenschaft» geworden! Die Menschenkunde als Seelen- und Geisteswissenschaft hingegen soll immer schön brav auf dem Teppich der simplen «Anschaulichkeit» bleiben? Warum darf nicht auch sie kühne Hypothesen bilden und die Logik über sich selbst hinaustreiben? Merkwürdige Privilegien sind das!

56 In: *«Schwierige» Kinder gibt es nicht,* Kap. «Hoffnung und Tragik. Oder: War Beethoven ein Fehlschlag?», Stuttgart [4]1999.

57 Darüber spricht auch R. Steiner an der in Anm. 52 erwähnten Stelle. Dass ein ganz konkretes Gefühl der (physiologischen) Atemnot bei seelischen Beklemmungs- bzw. Beengungszuständen, namentlich bei der «Enge» (*angustia*) einer bestimmten Angstverfassung – aber auch bei Nervosität und Unruhe –, auftritt, ist bekannt. Wo die «Weite» einer befreienden Lebensperspektive fehlt, «versteht der Mensch die Kunst des Atmens nicht mehr richtig» (Steiner). In seiner *Allgemeinen Menschenkunde* (GA 293) charakterisiert Steiner Atmen als die Dynamik der Beziehung des Geistig-Seelischen zum Physisch-Leiblichen. Erziehung bedeute, das Kind atmen lehren.

58 Der hedonistische Anspruch, der heute alles dominiert, gerät mit dem Sinn-Anspruch, den kein noch so ausgeklügeltes Verdrängungsrepertoire zum Schweigen bringen kann, bei immer mehr Menschen in einen Widerspruch mit spezifischen psychodynamischen Kennzeichen. Der Lebenslust-Anspruch führt zu einem Muster scheinbarer Lebens-Gestaltung und schließlich auch Gewohnheitsbildung, unter dem sich eine Stimmung der Untauglichkeit sammelt und immer mehr verdichtet, die ihrerseits zu immer hektischeren Anstrengungen führt, bei anderen Anerken-

nung und Bewunderung zu erheischen. Da aber selbstgefälliges, eitles, prätentiöses Verhalten eher abstoßend wirkt, reagieren die Mitmenschen reserviert bis befremdet, oft sogar herablassend; dies legt ihnen der um Anerkennung Buhlende zur Last, und seine Selbstinszenierung schlägt allmählich in Feindseligkeit um. Schließlich wenden sich alle gekränkt von ihm ab, außer denen, die sich Vorteile von ihm versprechen und jederzeit bereit sind, ihn zu hintergehen. Der Teufelskreis von zunehmender Vereinsamung, Misstrauen und Machtstreben ist in Gang gesetzt. Wir erleben als Therapeuten beziehungsweise Berater vor allem die, man muss schon sagen: «Glücksfälle im Unglück», in denen tiefe Verzweiflung den Teufelskreis aufbricht und der Leidensdruck so lange wächst, bis den Betroffenen dämmert, dass sie ihrem Leben eine Wende zu echter *Wertorientierung* geben müssen, um nicht am genussvollen Leben zu ersticken.

59 Fromms populäres Werk *Haben oder Sein* gehört sicher nicht zu seinen Glanzleistungen, dazu war es viel zu sehr auf leichte Verständlichkeit getrimmt (nämlich erkennbar als Bestseller konzipiert), ähnlich wie *Die Kunst des Liebens*. Wie immer produziert das übertriebene Bemühen um populärwissenschaftliche Darstellung komplexer Zusammenhänge nicht nur Banalitäten, sondern auch Ungereimtheiten. Fromms dort empfohlener gemäßigter Situationismus («Seins-Modus») ist letztlich keine Antwort auf die alles beherrschende Haben-Orientierung im Kapitalismus. In die psychologischen Tiefenschichten des *Geben*-Modus, nämlich des Künstlermenschentums (weit hinausgreifend über das alte karitative Prinzip der mildtätigen Gewissensberuhigung) ist Fromm nicht vorgedrungen, und so wurde er mit *diesem* Buch zum unfreiwilligen Vorbereiter der indiskutablen be-happy-don't-worry-Masche.

60 Im Grunde formuliert Stüttgen hier kurz und prägnant den Prozesscharakter des menschlichen Organismus, wie er urbildlich in Steiners physiologischer Dreigliederung erscheint, von der aus

die soziale Dreigliederung als paradoxe (nämlich seitenverkehrte beziehungsweise auf dem Kopf stehende) *Ableitung* geschaut werden kann. Die *Dynamik* des hier Angesprochenen lässt sich gut studieren an dem *lemniskatischen Urphänomen*, das Steiner im 5. Vortrag des *Heilpädagogischen Kurses* (GA 317) beschreibt. Dies nur für den näher mit der anthroposophischen Menschenkunde vertrauten Leser.

61 Wenngleich ich mich schon geradezu traditionsgemäß gegen das Konzept der Verhaltenstherapie wende, habe ich nie behauptet, sie sei *wirkungslos*. Im Gegenteil traue ich dieser Richtung zu, dass sie in den nächsten Jahrzehnten Konditionierungstechniken entwickelt, die an Magie grenzen werden in Hinsicht auf den Tranquilizer-Effekt. Unter der Voraussetzung, mit Therapie solle Funktionstüchtigkeit und willige Anpassung erreicht werden, ist VT vermutlich jetzt schon allen sinnorientierten Therapien an äußerer Effektivität weit überlegen. Das ist ja gerade das Gefährliche an der Sache. Humanistische oder anthroposophische Therapeuten, die hier Kompromisse eingehen (verlockt eben von solcher Effektivität), können sich mit dem spirituell unbemäntelten Original nicht messen. Wer konditionieren will, konditioniert am besten ohne jeden Schnickschnack. Man unterliegt einem fatalen Irrtum, wenn man glaubt, die psychologischen und psychotherapeutischen Schulen des akademischen Mainstreams (VT, Psychoanalyse, systemische Therapie) könnten etwa durch Anthroposophie (oder Existenzanalyse) «erweitert» werden. Ich kann ein geistorientiertes Ideenwerk nicht als ergänzende Unterabteilung an irgendein kybernetisches Modell der menschlichen Seele anschließen. Es ist ein Unding, mechanistische Vorstellungen spiritualisieren zu wollen. Dadurch wird die Spiritualität mechanisiert, und das heißt: aufgegeben. Sie ist dann nur noch ein aufgeklebtes Etikett. – Niemand käme auf die Idee, einen Vogel in ein Aquarium zu stecken, damit die Fische fliegen lernen. Denn das Einzige, was passieren würde, wäre, dass der Vogel ertränke.

62 Ich will damit nicht einem exklusiven Status des ausgeflippten oder gramgebeugten Künstlers das Wort reden, wie es zum Beispiel der (von mir als Dichter hoch verehrte) Rilke in seinem venezianischen Tagebuch noch tat. Bildende Künstler, Dichter und Denker – ich spreche von denen, die ernsthaft arbeiten und etwas voranbringen wollen – sind nicht automatisch in einer berufsbedingt schicksalsdramatischeren Lage als Busfahrer oder Würstchenverkäufer, aber es gehört – anders als bei Busfahrern und Würstchenverkäufern – zu ihren Aufgaben, sich immer wieder auf ungesichertes Gelände zu begeben und Neues auszuprobieren. Der Busfahrer kann nichts Falscheres tun, als die vorgesehene Fahrstrecke plötzlich zu ändern. Er ist kompetent, insoweit er sein Tagwerk mit *Routine* verrichtet, der Künstler ist es, wenn er derselben grundsätzlich misstraut und sich *nicht* auf sie verlässt. (Wer als Autofahrer im Straßenverkehr das Risiko sucht, fällt unangenehm auf; wer als Kunstmaler an der Leinwand *nicht* das Risiko sucht, auch.) Insofern ist schöpferische Unzufriedenheit für den Kunstschaffenden sicherlich unabdingbarer als für den Mann am Imbissstand oder am Steuer des Linienbusses. Allerdings: Auch die zuletzt Genannten lassen sich unterscheiden in erstens solche, die keinerlei Qualitätsansprüche an sich und ihre Arbeit stellen (dürfen) außer eben den, die nötigen Handgriffe zu beherrschen, und zweitens solche, die sich mit ihrer Arbeit innerlich verbinden und stetig bemüht sind, das eine oder andere organisatorische, technische oder zwischenmenschliche Detail noch zu verbessern. Der zweite Typus ist notwendig selbstkritisch und hat im Allgemeinen auch den Anspruch, mitdenkend die Rahmenbedingungen seines Tuns zu hinterfragen, also gegebenenfalls Auseinandersetzungen mit seinen Vorgesetzten, Zulieferern und so weiter zu führen. Kreativität ist kein Privileg der Hersteller erlesener Kunstgegenstände. Satte (Selbst-) Zufriedenheit ist immer und überall der Erzfeind der Kreativität. – Die von R. Steiner in seinen esoterischen Schulungsanweisun-

gen (GA 245) angesprochene «Zufriedenheit», die zu «Gelassenheit» werden soll, ist nicht die Tranquilizer-Zufriedenheit. Bei
Steiner stehen Tugenden wie Fortschrittlichkeit, Freiheit, Mut
und Liebe mindestens gleichrangig daneben, und was er mit «Zufriedenheit» meinte, wäre wohl heute, nachdem dieses Wort einen schleichenden Bedeutungswandel erfahren hat, am besten als
«innerer Friede» zu bezeichnen: eine Errungenschaft, die, zur
Gelassenheit gesteigert, gerade den (geistigen) Streiter – der offen
vertritt und verteidigt, was er als wahr erkannt hat – auszeichnet.
Solches Mit-sich-im-Reinen-Sein schließt schöpferischen (heili-
gen) Zorn gegen Gleichgültigkeit, Falschheit, Voreingenommen-
heit und Bosheit ebenso wenig aus wie harsche Selbstkritik. Der
«Gelassene» geht vor allem mit sich selbst hart ins Gericht.

63 Sind Liebesverhältnisse möglich, die sich nicht in der Körperhaftigkeit ereignen? Die «Vereinzelung des Seins» ist über uns ver-
hängt in der Welt des «Es-gibt» (Lévinas), auch dann, wenn ein
geliebter Mensch als verklärte Gestalt in der Erinnerung weiter-
lebt und die ihm geltende Zärtlichkeit keiner physisch-räumli-
chen Nähe bedarf, weil jenseits aller Um-Stände und Widerfähr-
nisse ein für alle Mal klarsteht: Er/sie ist der/ die ewige Geliebte.
Und doch kommt diese im «Sein» vergebliche, auf Erfüllung in
der Transzendenz gerichtete *Minne* – das Wirklichkeitsmärchen
von den *zwei Königskindern, die nicht zueinander konnten* – der
Liebe nahe, in der die körperhafte Ebene überschritten wäre.
Aber die Frage endet hier nicht. Gibt es Liebesverhältnisse «auf
der anderen Seite»? In der Zeitumkehrung, wo das Sich-als-
Geist-Erleben vom Tod zur (neuen) Geburt verläuft? Es wäre
vermessen, darauf antworten zu wollen; man muss weiterfragen:
Wenn Liebe *von Angesicht zu Angesicht,* also in der nur zum Du
hin überwindbaren Vereinzelung des Seins, zuinnerst und zuletzt Ausdruck der Sehnsucht nach *Beieinandersein rein im Geiste* ist, liegt die Qualität dieses Geschehens eben gerade darin, dass
Beieinandersein rein im Geiste «hier» nicht das Erreichte und

Zu-Verteidigende sein kann, sondern immer (!) das Ersehnte und gemeinsam Zu-Erringende ist: der Kern der Sehnsucht. Könnte nicht die Sehnsucht nach solcher Sehnsucht – und nach den Sternstunden, die sie beschert in Augenblicken des Hereinblitzens dessen, «was in einer Welt, in der alles da ist, niemals da ist» – der Grund dafür sein, dass wir wiederkommen?

64 Lévinas' Begriff der «ethischen Inspiration» ist der «moralischen Intuition» Steiners (in der *Philosophie der Freiheit*) nach gründlicher Bewertung aller terminologischen und akzentuellen Unterschiede gleichzusetzen. Verwirrung könnte entstehen, weil Lévinas' Betonung der *Verantwortung für den Anderen* bei ungenauem Lesen vielleicht so wirkt, als falle sie unter Steiners Kritik des ethischen *Pflicht*gehorsams. Der Verdacht ist aber schnell ausgeräumt, wenn man bei Lévinas findet, dass es um «*Individuation durch Verantwortung*» (Hervorhebung H.K.) geht, mithin *nicht* darum, in der *Halacha* (Nachahmung Gottes) ein Muster von allgemein gültigen moralischen Regeln zu suchen (was noch Erich Fromms Konzept in *Ihr werdet sein wie Gott* war), sondern die «Perspektive der Heiligkeit» im *Antlitz des Anderen* (unmittelbar!) eröffnet zu finden, also um den Weg der *Aufmerksamkeit*. Steiner betont stärker das Handeln, Lévinas das staunende Gewahrwerden der Objektivität, Universalität und *doch* zugleich radikalen Individualisierungsbedürftigkeit des Moralischen, «wenn Gott (im Antlitz des Anderen) ins Denken einfällt». Genau dies ist das «intuitive» Ereignis, von dem Steiner spricht als von der Initialzündung zur *freien* Tat.

65 Es gibt prinzipiell nichts dagegen einzuwenden, dass in einer Partnerschaft der eine vom anderen wünscht, mit allerlei Annehmlichkeiten, Geld, gutem Essen, gutem Sex und so weiter versorgt zu werden. Man muss nur wissen, dass zwei Menschen, die einander als allzeit verfügbare Lustbefriediger betrachten und eine entsprechende Anspruchshaltung zueinander aufbauen, bestenfalls Partner auf Zeit unter Einschluss des Austauschs von

Intimitäten werden. *Liebende* werden sie nicht. Der bloße Ausgleich von Egoismen ist ein Konzept mit kurzer Haltbarkeitsdauer. Unweigerlich sickert das Gift der *Aufrechnerei* ein. Es heißt dann bald: «Du liebst mich nicht so sehr wie ich dich.» Gemeint ist: «Ich beschere dir mehr Lust als du mir.» Die Anspruchshaltung verwandelt sich in eine Vorwurfshaltung, diese in ständige Gekränktheit und schließlich in Wut. Wer solche Beziehungen eingeht, sollte sich hüten, Tatsachen zu schaffen, die ein rechtzeitiges Auseinandergehen verhindern, zum Beispiel finanzielle Abhängigkeiten oder Kinder. Hedonistische Vertragspartnerschaften sollten sich auch als solche definieren und nicht zu Liebesbeziehungen hochstilisiert werden. Dann ist immerhin die Luft rein. Auf dem geläufigen psychologischen Ratgebermarkt werden diesbezüglich die Dinge fürchterlich durcheinander geworfen. Man tut so, als seien die Menschen in erster Linie füreinander da zwecks kontrollierter (und dadurch sozial unschädlicher) Triebabfuhr. Dass wir füreinander da sind, um uns gegenseitig «verstehend zu bewahrheiten», klingt heute wie eine Geschichte von einem fernen Planeten. Und doch ist es die Wahrheit. Die Wahrheit klingt also weltfremd. So weit sind wir inzwischen.

66 Das «Sein der Gewordenheit» ist zuerst die Erfahrung des «Es-gibt» (Lévinas) an mir selbst: meine Festgelegtheit im Gewesenen, im mir An-, Zu- und Eingewachsenen. Liebend erfahre ich die «paradoxe Konkurrenz von Bestimmbarkeit und Unbestimmbarkeit dessen, wonach in der Frage ‹Wer bin ich?› gefragt wird» (Hermann Schmitz, zitiert nach Schulte) als Chance und Verstörung eines unfasslichen Bedeutungsverlustes des Bestimmbaren: Nicht kraft dessen, was das «mit Attributen identifizierbare Ich» (Günter Schulte) mir als meine Identität vorgaukelt, bin ich der Liebe fähig und würdig, sondern als der, der ich jenseits aller attributivischen Bestimmtheit *werdenwollend bin.* Lieben heißt: (M)ICH – also mein Zukünftiges oder Anfänglichstes – ins Spiel

bringen, die Beschichtungen der Gewordenheit abwerfen: mir die Blöße unverstellter Präsenz geben. Das macht die Wehrlosigkeit und Verletzlichkeit aus. Aber darin liegt auch der Zauber, dadurch kann Ewigkeit hereinschimmern.

67 Ich deute damit nicht nur Jungs zeitweise ambivalentes Verhältnis zum Nationalsozialismus an, sondern zum Beispiel auch die Verschwommenheit seines Ich-Begriffs. Manches in seinem Werk erscheint mir phänomenologisch nicht nachvollziehbar und konstruiert. Trotzdem muss man seine enorme Bedeutung als eines geistigen Retters beziehungsweise Retters des Geistes der Tiefenpsychologie hervorheben, die, hätte sich die Jungsche Schule nicht von der Freudschen abgespalten, wohl restlos als eines der imposantesten Hirngespinste des 20. Jahrhunderts in die Geschichte eingehen würde. Die Demontage ist ja nicht mehr aufzuhalten. Jung hingegen hat wirklich die *Seele* in den Blick genommen und dabei Erkenntnisse von bleibendem Wert gewonnen, deren Bedeutung man wahrscheinlich erst erfassen wird, wenn man sie auf mühseligen experimentellen, statistischen, rechnerischen Umwegen eines Tages bestätigt findet. Die Erlösung der analytischen Psychologie von der Fixiertheit auf die psychosexuelle Komponente war wohl Jungs entscheidende Tat.

68 Es gibt Augenblicke, wo ich das Geschehen von Golgatha so vor mir sehe, als sei Christus-Jesus hineingestorben in das Kräftefeld, aus dem sich die Menschen ihre Leiber aufbauen, sodass seither in jedem *Antlitz*, sei es noch so überschattet, noch so gezeichnet von anderen Kräften, SEIN Ausdruck erscheint. Das hat mich zu dem Satz veranlasst: «Heute findet der *präkonzeptionelle Aufrichtevorgang* in nie dagewesener atmosphärischer Nähe des Christus statt. Jedes Kind wird vom *Menschheitskind* selbst inspiriert» (in: *«Schwierige» Kinder gibt es nicht*, Stuttgart [4]1999). Das ist mein Eindruck. Nicht mehr und nicht weniger.

69 In: *«Schwierige» Kinder gibt es nicht*. Siehe Anm. 68.

70 Auch hier ist – wie schon verschiedentlich unter Hinweis auf mein Buch *Das biografische Urphänomen*, Esslingen 1998, ausgeführt – unter «Geheimnis» nicht zu verstehen, was im Nebel des Unerkennbaren bleibt, sondern was dort beginnt, wo das lineare Denken paradox in sich zurückschlägt und der Qualitätssprung zum denkenden Anschauen von *Bewegungsvorgängen* gefordert ist, die sich nicht fixieren lassen im Sinne einer gewöhnlichen Feststellung.

71 Der Normalitäts-Begriff ist nicht nur kein ergiebiges Kriterium für pädagogisches oder psychologisches Verstehen, sondern der Todfeind individuell zu leistenden und Individualität erkundenden Menschenerkenntnis-Bemühens. Die Suche nach so genannten Störungen setzt aber voraus, sich diesem Todfeind zu unterwerfen. Deshalb herrscht grundsätzlich dort, wo von einer pädagogisch oder therapeutisch zu korrigierenden «Störung» (und sei es die berühmte «Entwicklungsstörung») gesprochen wird, wo also der defektivistische Blick regiert, Verständnislosigkeit, und alle Maßnahmen, die man ergreift, sind Verständnislosigkeitsresultate. Funktionieren solche Maßnahmen, ist die Verständnislosigkeit zum menschenformenden Prinzip geworden und geht auf den betroffenen Menschen über: Er versteht sich selbst nicht mehr – auch wenn er sich nunmehr unauffällig verhalten sollte. Manche so genannte Heilung wäre besser unterblieben! Manches vermeintlich gelungene Erziehungswerk ist nichts weiter als eine ruhigstellende Abwürgung kreativer Impulse, die im status nascendi so in Erscheinung traten, dass sich die Umwelt gestört fühlte. Zu diesem Problem habe ich mich von der pädagogischen Seite her ausführlich in *«Schwierige» Kinder gibt es nicht* (siehe Anm. 68) geäußert. Die Reaktionen auf dieses Buch waren bis jetzt unerwartet positiv. Einige lobende Rezensenten jedoch schreiben sinngemäß: Im Köhlerschen Argumentationszusammenhang gibt es «schwierige» Kinder in der Tat nicht. Aber natürlich gibt es schwierige Kinder *doch*, wie die Debatte zeigt. –

So kann man es sehen. Nur: *Meine* Auffassung ist das nicht. Ich wollte sagen, was auf dem Buchdeckel steht: «‹Schwierige› Kinder gibt es nicht.»

72 Vgl. Anm. 17.

73 Kusenberg verwendet den Begriff «magischer Raum» in einem Essay über Malerei, ohne den erweiterten Kunstbegriff in Betracht zu ziehen.

74 Das «Erfahren» (Buber) des «Es-gibt» (Lévinas) ist zu unterscheiden von Erkundungen im Raum des Zu-Erzeugenden, die auch zu einer Art «Erfahrungen» führen, welche jedoch, wie in Anm. 70 vermerkt, nichts «Feststellbares» erbringen.

75 Christus als der *Kindheitsrepräsentant*, «der Sich-Bewegende» (Beuys), aus dem Unschuldsraum Wiederkehrende als Bildner von Ideen und Anstifter zu Taten, die zwischen Himmel und Erde – also zum Kindheitswesen – Verbindung schaffen, wird vom Sperrfeuer der Gegenmächte empfangen. – «Alles hängt davon ab, wie viele Menschen den nahenden, aber nie sich aufdrängenden Liebesimpuls, gegen den sich das Kältekraftfeld verdichtet, denkend bewahrheiten und in durchfühltes Wollen umsetzen. *Dies wiederum hängt davon ab, ob die Kindheitsidee erfasst wird.*» (Aus: *«Schwierige» Kinder gibt es nicht.* Siehe Anm. 68).

76 Welcher Liebe-Impuls diesen Zustand herbeiführt, wird im Kapitel «Ungeboren geboren» und den folgenden Kapiteln erörtert.

77 Man könnte mit einem gewissen Recht sagen, dass jede Art von Willensprozess objektiv ein Wärmeprozess ist, sodass «Wärme-Wille» ein weißer Schimmel wäre. Ich hebe aber hier auf das Phänomen seelische Wärme ab. Die Hitzigkeit einer mörderischen Tat kann sich als biologisches und affektives Wärmeereignis vor dem Hintergrund seelischer Eiseskälte, ja aus solcher Kälte hervorspringend, abspielen. Eine phänomenorientierte Affektlehre kommt um den Begriff des *kalten Feuers* nicht herum. Es gibt immer mehr Menschen, in denen etwas *auflodert*, was furchtbare Kälte verbreitet.

78 Es gehört zu den «offenbaren Geheimnissen», die man nicht auf sich beruhen lassen, sondern ergründen sollte, dass wirkliche Ich-Präsenz erstens den Faktor Ego zur Nebensächlichkeit schrumpfen lässt und zweitens ein *Gefäß* bildet für die Epiphanie des *anderen* Ich. In dieser Paradoxie liegt der Schlüssel für eine künftige Psychotherapie der Aufmerksamkeit.

Diesem Phänomen war z.B. Carl Rogers mit seiner klientenzentrierten Gesprächstherapie des «effektiv einfühlenden Verstehens» (*Therapeut und Klient*, Kindler-Verlag) auf der Spur, aber auch Paul von der Heide von anthroposophischer Seite (*Das therapeutische Gespräch*, Verlag Freies Geistesleben). Georg Kühlewind verlangt «stark konzentrierte Aufmerksamkeit» und «Bewusstseinshelligkeit» (*Seele und Geist*, Flensburger Hefte Verlag). Im Wolfschlugener Janusz-Korczak-Institut wird die Frage des Raumschaffens zur Selbstentdeckung beziehungsweise des «lichtenden» Ereignisses der «verstehenden Bewahrheitung» unter dem Arbeitsthema «Die Umkehrung des Handlungsprinzips im therapeutischen Prozess» seit einiger Zeit mit Zielrichtung auf eine Veröffentlichung der Arbeitsergebnisse erörtert.

79 Eine künstlich herbeigeführte Ersatzlösung für den objektiv versperrten Weg der regressiven Grenzüberschreitung ist die mythisch überhöhte Gemeinschaft. Projekte, die direkt oder indirekt eine transzendentale Wir-Erfahrung versprechen, das heißt das Prinzip der Gruppenseele als Gemeinschaft auf Gedeih und Verderb, geführt und beherrscht von einem verbindenden Geist, aus dem geschichtlichen Hades heraufrufen, brutalisieren die Beteiligten auf ganz ähnliche Art, wie schwere Rauschmittelsucht die Abhängigen brutalisiert. Nicht minder Schlimmes wäre zu befürchten, wenn sich diejenigen esoterischen Strömungen durchsetzen würden, die mit ihrer Anbetung der «großen Urmutter», ihrem Konzept der «Auslöschung des Ichs» und ihrem Hang zur ekstatischen Haufenbildung keinen Zweifel daran lassen, worum es ihnen geht (auch wenn sie es selbst nicht immer

wissen): um die Vermeidung der Strapazen des Weges zur Liebe, der nur über die individuelle Freiheit, die Bejahung der Einsamkeit und das tausendmalige ungetröstete Scheitern des in die Selbstverantwortung gestellten Menschen führt.

80 Da die Evolution der Organismen auf den Menschen zugelaufen ist als auf das Wesen, in welchem sie sich selbst betrachtet und befragt (und vielleicht ad absurdum führt), müssen sich in den Vorstadien Richtungsimpulse auf dieses Ziel hin finden, auch wenn man unterstellt, es sei kein irgendwie vorgesehenes Ziel. Das heißt für den homo sapiens als denkendes und selbstreflexionsfähiges Wesen, dass es in seiner Vorgeschichte Spuren, Keimformen eines sich ankündigenden selbstreflexiven und begriffsbildenden Vermögens gibt, gleichsam als *Ferment* in der durch Verwandlungen hindurch sich ausfaltenden Natur. Überträgt man dies auf die Ontogenese und geht aus vom Menschen als einem *intentionalen* Wesen, welches hinstrebt auf das, was wir als Ursprung und Ziel der Sehnsucht identifiziert haben, dann kann als hoch wahrscheinlich gelten, dass diese Intentionalität schon im ontogenetischen Prolog (nämlich in der Embryonalzeit) wirksam ist. Fragt man dann, wie sie wirksam sei, stößt man auf das Motiv der Ent-Bindung beziehungsweise körperhaften Vereinzelung, das zur Begegnung *von Angesicht zu Angesicht* führt. Es ist kein schlüssiges Gegenargument, dass ja auch Bären und Meerschweinchen ihre Nachkommenschaft entbinden, da ja die Evolution der Organismen auf den Menschen zugelaufen ist.

81 Als Erziehungsberater stehe ich vor dem Phänomen, dass immer mehr Mütter berichten, sie hätten die Schwangerschaftszeit als einen «unnatürlichen» (sic!), unangenehmen, unstimmigen und vor allem unangenehm bewusstseinstrübenden Zustand empfunden. Andererseits wird der Moment des Ansichtigwerdens des Babys direkt nach der Entbindung immer häufiger als ein ungeheures, wunderbares, ehrfurchtgebietendes, zuweilen beängstigendes Ereignis erinnert, als Paukenschlag des Schicksals gerade-

zu. Das ist verhältnismäßig neu. Noch vor einigen Jahrzehnten galt den meisten Müttern die Schwangerschaft einfach als ein ganz natürlicher, wenn auch manchmal mit Aufregung, Bangigkeit, Gefühlswirrwarr und wunderlichen Wesensveränderungen verbundener Bestandteil des Frauenlebens, während der erste Augenblick des Von-Angesicht-zu-Angesicht zwar ein besonderer, aber doch nicht gar so welterschütternder war. Das heißt: Die wissenschaftliche Suche nach Möglichkeiten der Auslagerung der Embryonalzeit aus dem Mutterleib entspricht einer ganz real veränderten Seelenstimmung in der Frauenwelt. Aber Reagenzglas und Brutkasten werden nie eine Alternative zum beseelten und geisterfüllten Mutterleib sein! Man muss der veränderten Bewusstseinslage anders begegnen, nämlich so, dass die werdenden Mütter sich intensiv vorbereiten auf die Ankunft des neuen Erdenbürgers, und zwar unter Berücksichtigung der spirituellen Dimension von Empfängnis, Geburt und Elternschaft. Es leben heute – oft noch unaussprechlich – Fragen in den Seelen der schwangeren Frauen, denen mit Gymnastik nicht beizukommen ist: Fragen nach dem tieferen Sinn der ganzen Prozedur.

82 Dies wird zum Beispiel auch in der Verhaltensforschung zumeist übersehen. Wenn Bärenkinder spielen, bereiten sie sich auf das Bärenleben vor, und das besteht aus Jagen, Fressen, Schlafen und Paarung. Wenn Menschenkinder spielen, bereiten sie sich auf das Menschsein vor, und dessen spezifische (!) Kennzeichen sind das Denken, die Kreativität und die Liebe, also alles dasjenige, was nur *individuell* – in Freiheit – zu leisten ist. Deshalb kann vom Spielverhalten der Tiere nicht auf das Spielverhalten des Menschen geschlossen werden, auch wenn vergleichende Beobachtungen viel Gemeinsames zutage fördern. Allenfalls umgekehrt (siehe Anm. 80).

83 Vgl. Teil I, «Die Rebellion der Liebe», sowie *Das biografische Urphänomen. Vom Geheimnis des menschlichen Lebenslaufes*, Esslingen 1998.

84 Der «Bestand» ist das unverrückbare «Es-gibt» (Lévinas) in mir, an mir, um mich. «Wiederholungswelt» ist das je schon und immerfort um mich Kreisende, worin ich mitkreise, das Tag-für-Tag, das regulierte Prozessgefüge, die umlaufende Zeit in der fortschreitenden Zeit, die weder im Gewordenen erstarrte noch ins Zukünftige hinausweisende Sphäre des ereignishaften Wohlbekannten, das Gewohnte und Gebräuchliche. Sie hält uns im Wir, das ist ein *Gutes*. Hält sie uns aber dort fest, dann misshandeln wir das Kind, das sich ihr anvertraut(e), um ihr *geschützt zu entwachsen*.

85 J. Ortega y Gasset glaubte «gemeinsame Wurzeln» der «Verliebtheit» und der Mystik entdeckt zu haben, nämlich das Ur-Bedürfnis nach Entrückung, das sich aber, so y Gasset sinngemäß, auf seelischem Felde auslebt, während es falsch sei, diese mystische Stimmung der Verliebtheit, die sich freilich mit dem Sexus verbünden kann, «als eine Ableitung und Verfeinerung (desselben) zu betrachten». Die «beliebten sexuellen Theorien der Mystik» seien «von abscheulicher Plattheit».

86 Die Mystifizierung des Sexus bis zur kultischen Ausübung ist der eine Aspekt des Bösen; der Kultus in diesem Zusammenhang tendiert grundsätzlich zum Schwarzmagischen, auch wenn der «Priester» im weißen Gewand und mit Blumen geschmückt erscheint. Der andere Aspekt ist die Reduzierung des Sexus auf rohe Gelage des Ge- und Verbrauchs beseelter Wesen, deren Degradierung zu Objekten einen spezifischen Reiz hat, der gerade darauf beruht, dass ihre Beseeltheit durch die Seelenlosigkeit des Aktes verhöhnt wird. Beide – feierlich zelebrierte und in lukullische Raserei auswuchernde sexuelle Bosheit – verbinden sich zum finalen Kick dort, wo zum Beispiel auf exklusiven Partys der Highsociety zum «Dessert» Kinder gereicht werden, die, wenn es den Herrschaften genehm ist, zu Tode malträtiert werden können. Man macht sich noch nicht genügend klar, dass dieses Wirkungsfeld des Teuflischen qualitativ sogar die Nazi-

Greuel überbietet. – Bei alledem darf nicht vergessen werden, dass man von kirchlicher Seite den Teufel in die Sexualität förmlich hereinbeschworen hat, indem man sie eben ver-teufelte, einer willkürlichen Zurechtbiegung des Mythos von der unbefleckten Empfängnis folgend (man sollte dieses Geheimnis einmal unter dem hier eingenommenen Gesichtspunkt des geistigen Eros betrachten!) und durch kein einziges überliefertes Wort Jesu legitimiert. Die in vielen Menschen herumgeisternde und immer häufiger außer Kontrolle geratende Obsession, dass die höchste Qualität sexueller Lust nur im Verbund mit dem Bösen zu erreichen sei, hat möglicherweise hier einen ihrer Ursprünge.

87 Es sei hier nur am Rande erwähnt, dass die Erfindung der Pille eine ganz neuartige Situation geschaffen hat: Die Frage nach der menschengemäßen Gestaltung einer in nie dagewesener Deutlichkeit von der biologischen Funktion abgetrennten Sexualität war schlagartig und unausweichlich gestellt. Sie lässt sich nicht mehr verdrängen und verlangt nach einer Lösung im Zusammenhang mit dem Problem der zwischenmenschlichen Beziehungsgestaltung überhaupt, also im Zusammenhang mit der Liebe. Denn der Sexus, sofern er hinterfragt wird, erscheint jetzt nicht mehr vornehmlich im thematischen Zusammenhang mit dem Bios, sondern mit dem Eros, der «geistigen Zeugung im Schönen» (Tellenbach). Darin wiederum liegt die Chance einer «Überlistung» der biologischen Funktion durch kreative Spiel-Arten des Zärtlichkeitsaustauschs, denen gegenüber mechanische oder pharmazeutische Verhütungsmittel nur eine, sagen wir: aufschiebende Bedeutung haben. Ob die Erfindung der Pille ein Segen oder ein Fluch war, wird sich erst erweisen. Man ist durch sie darauf aufmerksam geworden, dass Sexualität ein unabhängig vom Fortpflanzungstrieb sich anbietendes Gestaltungsfeld der Liebe sein kann. Dass dort viel mehr, viel Schöneres und Subtileres möglich ist als die einfältige «Penetration» (wie Alice Schwarzer und andere sich auszudrücken pflegten), ist

eine mögliche Entdeckung im Gefolge der Entkoppelung von Sexualität und Nachwuchs, und das wäre der Weg des allmählichen Überflüssigwerdens der Verhütungsmittel. Die andere Entdeckung wäre die, dass man nunmehr Menschen ausnutzen, zur Lustbefriedigung instrumentalisieren, demütigen, gegebenenfalls vergewaltigen kann, ohne mit unliebsamen Konsequenzen rechnen zu müssen. Der Sexus wird entweder erotisch kultiviert, das heißt als beziehungskünstlerisches Gestaltungsfeld begriffen, oder er rutscht endgültig in die grauschwarze Zone ab, in der er harmlosestenfalls etwa den Rang eines Besäufnisses hat, schlimmstenfalls in Brutalität umschlägt.

88 Die *nur* sexuelle Begegnung, heißt es bei Erich Fromm, «erzeugt für den Augenblick die Illusion der Einheit, aber ohne Liebe lässt diese ‹Vereinigung› Fremde einander genauso fremd bleiben, wie sie es vorher waren. – Die Zärtlichkeit (hingegen) ist keineswegs, wie Freud annahm, eine Sublimierung des Sexualtriebs, sie ist vielmehr unmittelbarer Ausdruck der Nächstenliebe und kommt sowohl in körperlichen wie auch in nichtkörperlichen Formen der Liebe vor.» Dem wäre hinzuzufügen: Die Nähe, die durch *liebe*getragene Sexualität entsteht, überwindet zwar das Getrenntsein in der *Fremdheit*, führt aber nie zu der Illusion, der «Nächste» sei kein Anderer mehr, nie zu dem regressiven Begehren, die Anderheit des Anderen aufzuheben. Im unzweifelhaft *anderen* Antlitz, Geruch, Blick und so weiter liegt der Zauber.

89 Wer darauf achtet, wie ich mich hier ausdrücke, wird nicht auf die Idee kommen, mir vorzuwerfen, die Begriffswahl «regressive Begierde» enthalte eine negative Wertung. Ich charakterisiere einen Vorgang, der nur unter bestimmten Umständen zum Negativen, zum Inhumanen ausschlägt. Der Vorgang als solcher ist weder positiv noch negativ, sondern objektiv, und seine qualitative Bedeutung als eingangschaffendes Ereignis für die ankünftige Seele verbietet ja ohnehin jede Geringschätzung.

174

90 Ich neige zu der Auffassung, dass auch die sexuelle Begegnung zwischen Gleichgeschlechtlichen dieses atmosphärische Ereignis auslöst; aber die biologischen Voraussetzungen für eine Empfängnis sind eben in diesem Falle nicht gegeben. Man könnte übrigens Homosexualität auch einmal so betrachten, dass man berücksichtigt: Diese Minderheit steht schon von je her vor der unter Anm. 87 aufgezeigten Alternative, die von der biologischen Funktion abgekoppelte Sexualität entweder ins Künstlerische oder in die Brutalisierung hineinzuführen. Das heißt, diese Zentralfrage, die heute jeden Menschen in seiner sexuellen Identität betrifft, hat sich für Schwule schon immer gestellt. Vielleicht war deshalb der weit über seine Zeit hinausgreifende platonische Eros eine Qualität der Liebe zwischen gebildeten Männern und Jünglingen. Und vermutlich ist aus diesem Grund die Ambivalenz zwischen der einerseits außergewöhnlich ästhetischen, stilvollen und freundschaftsintensiven Auffassung von Sexualität, die bei Homosexuellen oft zu finden ist und Heterosexuellen ein Vorbild sein kann, und andererseits dem, was aktuell in der übermaskulinisierten Szene des programmatisch polygamen Leder-, Schweiß- und Fistfucking-Sex lebt, aber tendenziell nichts Neues ist, unter Schwulen schon zutage getreten und als Problem erkannt worden, als die so genannten Normalen noch zwischen Prüderie, Verdrängung, Scheinheiligkeit und klammheimlichen Ausflügen in die Lasterhaftigkeit schwankten.

91 Die Tatsache, dass ein bestimmter urbildlicher Vorgang auch in entstellte, verzerrte, das eigentlich Gemeinte konterkarierende Formen abirren kann, widerlegt nicht den urbildlichen Vorgang. So ist die Instinktsicherheit der Zugvögel auf ihrem Weg nach Süden und zurück nicht dadurch widerlegt, dass allerlei zivilisationsbedingte Umstände diesen Instinkt zunehmend beschädigen und manchmal suspendieren. Ähnliches gilt auch für Ereignisse im sinnlich-übersinnlichen Grenzbereich. Mein Vorschlag, wie man den inneren Aspekt der sexuellen Auslösung des Emp-

fängnisgeschehens urphänomenal betrachten kann, ist nicht deshalb unbrauchbar, weil es – um im Bild zu bleiben – offenbar nicht selten geschieht, dass eine verkörperungsgewillte Seele getäuscht wird, indem sie dem «Signal» folgt, im tiefen Vertrauen darauf, dass sie erwünscht sei, während in Wahrheit ein Missgeschick oder sogar ein großes Unglück geschehen ist. Wir wissen, dass, wenn eine solche schicksalhafte Verwirrung am Beginn einer Biografie steht, zwar kein Weg des Unglücks vorprogrammiert ist, aber doch ein Schatten über dem Kinderleben liegt, den jedoch aufrichtige Liebe vertreiben kann. Für den Kindertherapeuten ist es jedenfalls wichtig und aufschlussreich, in Erfahrung zu bringen, ob ein kleiner hilfebedürftiger Patient 1) ein Wunschkind, 2) ein zwar nicht erwünschtes, aber dann doch willkommenes, 3) ein unwillkommenes, aber notgedrungen akzeptiertes oder 4) ein unerwünschtes, unwillkommenes und auch weiterhin zutiefst abgelehntes Kind ist. Auch ein «Vergewaltigungskind» kann unter die Kategorie 2 fallen, wenn es der Mutter gelingt, das kleine Wesen als ein ganz unabhängig von den Umständen der Empfängnis kostbares, unersetzliches Geschenk *des Himmels* anzunehmen. Dann verschlechtert die Tragik des Beginns die Lebensprognose nicht entscheidend.

92 In *Das biografische Urphänomen*, Esslingen 1998.

93 «Substanziell» ist das eigentliche Wesen einer Erscheinung, «akzidenziell» in diesem Fall das beigefügte, umkleidende, von den Umständen abhängige *Unwesentliche*.

94 Über den Zusammenhang Eindrucksmensch/Ausdrucksmensch und die Tatsache, dass wir nur als Ausdrucks-Wesen zu einer Identitätserfahrung kommen, habe ich mich ausführlich geäußert in: *Der Mensch im Spannungsfeld zwischen Selbstgestaltung und Anpassung,* Esslingen 1995.

95 Siehe *«Schwierige» Kinder gibt es nicht,* Stuttgart [4]1999.

96 Ich würde mich nicht prinzipiell dagegen wehren, meine menschenkundlichen Darstellungen im Großen und Ganzen der

«transpersonalen Psychologie» zuordnen zu lassen, aber es firmieren unter diesem Begriff doch auch Auffassungen und Methoden, denen ich mich nicht anschließen kann. Deshalb schlage ich vor, vergleichende Assoziationen in Richtung Stan Grov, Roberto Assagioli, Karlfried Graf Dürckheim und so weiter zu vermeiden und den Begriff «transpersonal», so weit er in meinen Betrachtungen erscheint, exakt so zu nehmen, wie er dort erscheint. Ich müsste sonst unnötigen Aufwand betreiben zur Klärung der Berührungspunkte und Unvereinbarkeiten mit den genannten Autoren und anderen.

97 Frankl verarbeitet dort seine Erfahrungen als KZ-Häftling.

98 Ich verwende diesen Begriff erstmals als pädagogischen Zentralbegriff in *«Schwierige» Kinder gibt es nicht.*

99 Ich nehme damit bildhaft Bezug auf die Suchterkrankung Bulimie (Fress-Brechsucht), mit der ich mich seit vielen Jahren theoretisch und praktisch beschäftige. Natürlich sind die Bulimikerinnen (es sind meistens Mädchen und Frauen) alles andere als «schwachsinnig» – außer während ihrer Anfälle, denn da ist Nahrung keine Nahrung mehr, da wird nichts mehr geschmeckt, gekostet, genossen, sondern nur noch verschlungen bis zu einem orgasmusähnlichen Flash-Punkt, dem das würgende Erbrechen und dann das entsetzlich schlechte Gewissen folgt.

100 Frankl berichtet von einer Umfrage der Zeitschrift *Psychology Today* (20.000 Zuschriften), welche ergab, «dass unter den Faktoren, die am meisten zu Potenz und Orgasmus beitragen, einer am höchsten rangiert …: Liebe» (in: *Ärztliche Seelsorge*, siehe Literatur).

101 Vgl. Anm. 86. Ich erinnere außerdem an die Sexualisierung, ja Pornografisierung der Bildwelten in Werbung, Literatur und Unterhaltungsmedien, die schon so normal geworden ist, dass man fast nicht mehr darauf achtet. Aber es tut natürlich seine Wirkung, dass zum Beispiel Jugendliche ständig mit Bildern der Koppelung von Sexualität und Gewalt bombardiert werden.

102 Diese Formulierung der Vordenker des Prager Frühlings 1968 ist in einem viel tieferen Sinne treffend, als es ihre Schöpfer ahnten. Aus dem Antlitz des Menschen und aus seiner Gestalt sind die Strukturelemente der Sozialen Plastik ablesbar!

103 Hier ist besonders der Sozialwissenschaftler Wilhelm Schmundt hervorzuheben. Vgl. dazu *Die Kunst des sozialen Bauens* und *Denker, Künstler, Revolutionäre,* FIU-Verlag.

104 In *«Schwierige» Kinder gibt es nicht,* wie auch in *Kunst – Therapie – Soziale Frage. Zum 12-jährigen Bestehen des Janusz-Korczak-Instituts,* dort: «Drei Vorträge zum Gründungsimpuls» (Wolfschlugen, Herbst 1998).

105 Natürlich hatte der «alte» Eros immer auch seine Hände im Spiel bei orgiastischen Festen und besinnungslosen sexuellen Ausschweifungen. Einvernehmlich mit *Dionysos* stand er dem «Alten vom Berge» zur Seite, der irgendwann vor etwa tausend Jahren in Vorderasien seine meuchelmordenden «Assasinen» nicht mit Gewalt bei der Stange hielt, sondern damit, dass er sie, nachdem er sie vermutlich mit Cannabis (Haschisch/Haschischins/Assasinen) präpariert hatte, in seinem Paradiesgarten von schönen Mädchen verwöhnen ließ, wie Marco Polo berichtet (vgl. dazu u.a. in *Lettre International,* 40/98: Philippe Videlier, «Die Assasinen»). Die ganze Geschichte ist übrigens umstritten, Videlier hält vor allem die Haschisch-These für falsch. – In früheren Kulturen gab es offensichtlich kollektive Paarungszeremonien, bei denen sich die Beteiligten in einem Zustand der Entrückung oder gar im hypnotischen Schlaf befanden. Auf den Zusammenhang zwischen Mystik, Hypnose und «altem» Eros macht J. Ortega y Gasset aufmerksam und findet eine «überraschende Analogie zwischen Ekstase und ‹Liebe›», die unter anderem im «Bild des Raubes und der Entführung» zum Ausdruck komme: «Entführt werden heißt, dass man nicht auf seinen eigenen Füßen geht, sondern sich von jemandem oder etwas fortgetragen fühlt. Der Raub ist die ursprüngliche Form der Liebe; er ist mytholo-

gisch in der Gestalt des Kentauren aufbewahrt, der die Nymphen jagt und sie auf seinen Rücken hebt. – Eine letzte symbolische Sublimierung hiervon sind die … versagenden Sinne der Verliebten.» – Nicht das Versagen der Sinne, sondern ihre Steigerung zur «Du-Sinnigkeit» weist den vom «neuen» Eros Ergriffenen aus.

106 Mit anderen Worten: Die Kinder bringen heute andere Fähigkeiten, Fragen, Botschaften, aber auch andere Ängste und Verletzlichkeiten mit als früher. Diesbezüglich bestünde dringender Forschungsbedarf, den eine vergleichende transhistorische Entwicklungspsychologie zu decken hätte. Es ist (noch) nicht zu beweisen, aber stark anzunehmen, dass die von Tellenbach beschriebenen Phänomene *zeittypisch* sind, vermutlich etwa seit Ende des 18., Anfang des 19. Jahrhunderts zunehmend so in dem gekennzeichneten Alter auftreten und im 20. Jahrhundert zum Zentralaspekt der «normalen» Signatur der Vorpubertät geworden sind.

107 Unter «Inkarnation» («Fleischwerdung», Verkörperung) wird in der modernen Geistes-Wissenschaft Individuation als leibergreifende und vermittelst des individualisierten (beseelten und geisterfüllten) Leibes weltgestaltende Ich-Aktivität verstanden. Der in meinen Darstellungen immer wieder auftauchende Begriff «primäre Intentionalität» weist auf diese Leit-Idee, die in diametralem Gegensatz zu der gängigen Auffassung steht, der Mensch beginne seinen Lebensweg als *tabula rasa und genetische Diskette*, also seelisch-geistig vollkommen «leer», aber mit einer gewissen erblichen Formatierung. Das Verständnis von Individuation als Inkarnation (auch die Reformpädagogin Maria Montessori sprach übrigens davon) leugnet die genetische Grundausstattung nicht, die geistig-seelische «Leere» jedoch umso entschiedener. Sie geht von einem individuellen biografischen Richtungsimpuls aus, der mit der genetischen Vorprägung nicht nur nicht identisch ist, sondern oft sogar mit ihr in Konflikt gerät.

108 C. G. Jung schrieb in seinen Erinnerungen: «Ich weiß keine Antwort auf die Frage, ob das Karma, welches ich lebe, das Resultat meiner vergangenen Leben, oder ob es nicht vielmehr die Errungenschaft meiner Ahnen sei, deren Erbe in mir zusammenkommt. Bin ich eine Kombination von Ahnenleben und verkörpere deren Leben wieder? Habe ich als bestimmte Persönlichkeit früher schon einmal gelebt und bin in jenem Leben so weit gekommen, dass ich nun eine Lösung versuchen kann? Ich weiß es nicht. – Ich könnte mir gut vorstellen, dass ich in früheren Jahrhunderten gelebt habe und dort an Fragen gestoßen bin, die ich noch nicht beantworten konnte; dass ich wiedergeboren werden musste, weil ich die mir gestellte Aufgabe nicht erfüllt hatte. – Es ist der Sinn meiner Existenz, dass das Leben eine Frage an mich hat. Oder umgekehrt: Ich selber bin eine Frage, die an die Welt gerichtet ist. – Das ist die überpersönliche Lebensaufgabe, (die) ich als Resultat meiner Ahnenleben oder als in persönlichen Vorleben erworbenes Karma empfinde. – Die Frage des Karma ist mir dunkel, wie auch das Problem der persönlichen Wiedergeburt. – (So halte ich) Umschau in meiner Erfahrungswelt, ob sich nicht irgendwo und irgendwie etwas ereignet, das ... in die Richtung der Reinkarnation weisen könnte» (in *Erinnerungen, Träume, Gedanken*). Halten wir also Umschau, nicht nur in der äußeren, sondern auch in der inneren Erfahrungswelt des Denkens, mit dem wir immerhin so weit kommen können, zu bemerken, «dass die Psyche zeitweilig jenseits des raumzeitlichen Kausalgesetzes funktioniert, (also) unsere Vorstellungen von Raum und Zeit und damit auch der Kausalität unvollständig sind» (Jung).

109 Ich verstehe unter «Kindheitsidee» keine Fantasie, sondern die anschaubare geistige Realität des «präkonzeptionellen Aufrichtevorgangs», der sich im frühkindlichen Aufrichtevorgang widerspiegelt, in welchem folglich nicht in erster Linie ein biologisches Ereignis zu sehen ist, sondern vor allem das Wunder der

gestaltwerdenden und in individueller Gestalt sich erhebenden Hoffnung: Einstrahlung der «unsichtbaren Skulptur» in die Sichtbarkeit. Jeder Mensch repräsentiert den MENSCHEN. «In jedem Menschen ein Göttliches sehen» (Steiner), sehen also, «was Gott mit MENSCH gemeint hat» im Antlitz des Anderen, heißt, in jedem Menschen das KIND sehen, das «ungeboren Geborene». Wer lernt, im Antlitz des leibhaftigen Kindes, dann im Antlitz eines jeden Menschen das ungeborene KIND zu erkennen, wird von einem Geist ergriffen, in dessen Licht das, was gemeinhin böse genannt wird, so erbärmlich, so absurd und unattraktiv wirkt, dass es sich – ganz ohne Selbstdisziplinierung mit moralischen Imperativen, ganz ohne hehre Verzichtsleistungen – einfach erübrigt nach dem Motto: Ich kann meine Zeit nicht mit solchem Un-Sinn verschwenden. – Mephistopheles, der Fürst, der Leviathan oder wie immer man das Prinzip der Menschenverachtung wesenhaft benennen will, ist nur so lange der Stärkere, als wir – von ihm fasziniert – pflichtschuldig gegen ihn kämpfen. Es wäre seine schlimmste und entscheidende Niederlage, wenn er uns nur noch langweilte im Gewahrwerden einer Schönheit und eines Abenteuers, wogegen uns alles, was er zu bieten hat, abgeschmackt und fade vorkäme.

Wir verdanken Rudolf Steiner die wohl differenzierteste «Anatomie der menschlichen Destruktivität» – um diese Formulierung von Erich Fromm aufzugreifen. Sie hebt sich von den abstrakten Verallgemeinerungen deshalb wohltuend ab, weil sie das so genannte Böse erstens als *geistig-wesenhaft* beschreibt, ohne in alte dämonologische Vorstellungen zurückzufallen (unter «geistig-wesenhaft» verstehen wir einen autonomen Kräftezusammenhang, dessen Wirken nach den Kriterien Intelligenz, Empfindungsart und Willensrichtung charakterisiert werden kann, was im Prinzip davon unabhängig ist, ob er durch einen sinnlich wahrnehmbaren Leib repräsentiert wird), zweitens mit *spiritueller Objektivität* nicht als per se «schlecht», sondern zunächst einmal als wertfrei bestehend auffasst, um dann herauszuarbeiten, wie im geistesgeschichtlichen Entwicklungsgang der Menschheit diese Kraftfelder zur Bedrohung werden, wenn sie zur falschen Zeit am falschen Ort zugreifen. Es ist, auch wenn es anfangs befremdlich anmuten mag, methodisch fruchtbar und phänomenologisch aufschlussreich, zwischen – sehr verkürzt gesagt – einer verhärtenden («ahrimanischen»), einer auflösenden («luziferischen») und einer direkt in den Seelenkern treffenden, im eigentlichen Sinne *grausamen* («asurischen») Variante zu unterscheiden, die, wie Steiner verschiedentlich hervorhob, noch eine Steigerung erfährt durch das vierte, direkt mit der Christus-Wesenheit rivalisierende «sonnendämonische» Sorat-Prinzip, welches das denkende Selbstbewusstsein zur «mörderischen Weisheit» verzerrt, die im Ersinnen immer unvorstellbarerer Techniken des Vernichtens und Quälens und in der Verlockung zu schwarzmagischen Einweihungsriten ihre Erfüllung sucht.

Ich habe hier die in der vierten Macht des Sorat zusammengefasste und auf die Spitze getriebene «widersacherische» Trinität – Schattenwurf der im Evolutionsziel des ebenbildlichen MENSCHEN gipfelnden göttlichen Trinität – nicht weiter beschrieben, sondern in eins genommen und einfachheitshalber «Prinzip der Menschenverachtung» genannt. Eine Übersicht über Rudolf Steiners Äußerungen zu dieser Thematik hat Frank Linde in den *Flensburger Heften* (Nr. 60, 1/1998) unter dem Titel «Die Impulse des Bösen am Jahrtausendende» vorgelegt. Solche kommentierten Zitatsammlungen sind freilich mit Vorsicht zu genießen, vor allem dann, wenn man nicht mit der Besonderheit des Gesamtwerkes Rudolf Steiners vertraut ist, die darin besteht, dass er in bewusstseinsgeschichtlich weit vorauseilender Weise das «integrale» (Jean Gebser) Prinzip des Denkens in *Sowohl-als-auch-Kategorien* der *Entweder-oder-Logik* abzuringen vermochte. So liegt zum Beispiel bei Steiner kein Widerspruch darin, dass der Mensch einerseits ein freies Wesen ist und andererseits kosmische Kräftekonstellationen *über und durch den Menschen* in die Evolution hereinwirken. Er lehnt die Idee von *außerhalb des Menschen* liegenden «Absichten» der Geschichte und damit jeglichen historischen Determinismus ab und spricht doch oft von feindseligen oder wohlgesonnenen übersinnlichen Einflussmächten, die um den Menschen und die Menschheit ringen (wobei durchaus auch von einem «Schöpfungsplan» die Rede ist). Ganz ähnlich widersprüchlich erscheint der ethische Individualismus als emanzipatorisches Konzept, das die Individualität radikal in die Willensfreiheit und damit in die ethische Verantwortung stellt, gegenüber der Reinkarnationslehre, derzufolge der Mensch in vieler Hinsicht (unbewusst) an frühere Erdenleben anknüpft. Steiner hat immer wieder darauf hingewiesen, dass man zu ganz falschen Auffassungen über wiederholte Erdenleben kommt, wenn man nicht stets die *Philosophie der Freiheit* hinzudenkt. Und so kommt man eben auch zu verdrehten Vorstellungen über die «Impulse des Bösen», wenn man nicht stets hinzudenkt, dass sie ähnlich wie die Tyrannen auf Erden keinen Deut mehr Macht ausüben können, als ihnen von den Menschen verliehen beziehungsweise zugebilligt wird. (Linde stellt das zwar in einigen Zwischenpassagen richtig, aber sein Buch birgt dennoch die Gefahr, dass der Eindruck entsteht, wir seien von Dämonen geradezu eingekesselt.) Kurzum, die Sätze: Es gibt autonome nichtmenschliche Wesenheiten des so genannten Bösen; und: Außerhalb des Schauplatzes der Menschenseele gibt es weder Gut noch Böse – sind nicht nur kompatibel, sondern bedingen einander geradezu. Genauso verhält es sich mit den Sätzen: Der Mensch ist in jedem Augenblick seines Lebens in die Möglichkeit der Freiheit gestellt; und: Der Mensch erntet, was er selbst (in früheren Leben) gesät hat.

Steiner wusste um das Problem, dass ihm die verbreitete Unfähigkeit zum *komplementären Denken* viele Missverständnisse eintragen würde – vor allem den Vorwurf, er widerspreche sich ständig. Das soll nun nicht heißen, Steiners Argumentation sei immer und in allen Punkten fehlerfrei gewesen. Auch er hat gelegentlich seine Auffassungen geändert. In der vorliegenden Frage scheint es mir aber eminent wichtig, dass wir uns auf das Wagnis einlassen, wesenhafte Dehumanisationstendenzen als reale übersinnliche Einflussfaktoren – «Energiefelder» sozusagen, denen man mehr oder weniger ausgesetzt sein kann – aufzufassen und gleichzeitig Abstand zu nehmen von der Vorstellung, irgendwelche Wirkungsmächte vermöchten willkürlich «von außen» in die Geschichte oder in einzelne Biografien einzugreifen wie eine mafiöse kosmische Hintergrundorganisation. Mit verschwörungstheoretischen Science-Fiction-Geschichten ist dem, worauf Rudolf Steiner aufmerksam machen wollte, nicht beizukommen. Das Thema lautet: Die menschliche Freiheitssphäre ist der *geisterfüllte Zwischen-Raum* zwischen extremen Polen, die, wenn man sie genau beschreibt, alle entscheidenden Kriterien autonomwesenhafter Präsenz erfüllen. Zugleich markiert jeder von ihnen einen Umschlagspunkt von der condition humaine in eine nichtmehr-menschliche Einseitigkeit beziehungsweise eine Eskalation, die den Menschen aus sich selbst heraustreibt. «Sünde ist, so du nicht tust, was *du* willst» (Paulus). Wer oder was aber «will», wenn ich Dinge tue, von denen ich später sagen werde: Das habe ich nicht gewollt!? Wer oder was veranlasst Handlungen, von denen ich schon während des Handelns weiß, dass ich sie bereuen und mich ihrethalben verachten werde? Das ist die Frage, um die es Steiner geht bei seiner Genealogie des Bösen, die eigentlich eine Genealogie der *Handlungsantriebe gegen das eigene Für-gut-Halten* ist – womit wohlweislich nicht das Für-gut-Halten nach kollektiven sittlichen Maximen gemeint ist, auch nicht das Risiken abwägende Verstandeskalkül, sondern das *autonome Gewissen*: die Stimme der selbst errungenen Moral, die mit der autoritativen übereinstimmen *kann*, aber nicht *muss*.

110 Nicht umsonst gewinnt erst in den letzten Jahrzehnten eine Sozial- und Kulturphilosophie allmählich Konturen, die sich dem

Du-Phänomen widmet und den Altruismus als *Individuations-*
faktor entdeckt.

111 In *Der Mensch im Spannungsfeld zwischen Selbstgestaltung und
Anpassung* und *Das biografische Urphänomen.*

112 Vgl. dazu mein Buch *Jugend im Zwiespalt.*

113 Über die «Mitte der Kindheit» ist auf lange Sicht alles Wesentliche gesagt, seit Hans Müller-Wiedemanns gleichnamiges Buch
vorliegt. Es sei hier sehr empfohlen.

114 Das dem Anderen *Zustehende* zu erkennen, noch ehe er es selbst
erkennt; ihm *gerecht zu werden,* noch ehe er weiß, was er als sein
Recht fordern kann; sein innerstes Wollen würdigen, statt ihn
gering zu schätzen für das, worin er dieses Wollen verfehlt – das
ist der eigentliche Auftrag des Erziehers gegenüber dem Kinde:
der heilpädagogische Auftrag, denn solches Erkennen ist unmittelbar, Handeln aus solchem Erkennen mittelbar heilsam. Der
soziale Organismus wird nur geheilt werden können in dem
Maße, in dem diese Erkenntniskraft der «verstehenden Bewahrheitung» zuerst an den Stätten des Helfens, Heilens und Erzie-
hens, dann überall zwischen den Menschen wirksam wird.

115 Die höheren Sinnesfunktionen sind frei nach Steiner: 1) Der
Hörsinn; 2) der zum Erfassen der Eigenart des Sprachklanges des
Anderen gesteigerte Hörsinn («Laut»- oder «Sprachsinn»); 3)
der zum Erfassen der Eigenart der Begriffsbildung bzw. Denk-
weise des Anderen gesteigerte Sprachsinn («Begriffssinn»); 4)
der Zusammenklang der Gesamtsinnesorganisation zur gestei-
gerten, intuitiven Aufmerksamkeit auf die unverwechselbare
Wesenseigentümlichkeit des Anderen; das unmittelbare («du-
sinnige») Erfassen seiner *Menschlichkeit* beziehungsweise – in
der Diktion der vorliegenden Schrift – seiner individuellen Hinentworfenheit auf den Menschen («Ich-Sinn»). Vgl. R. Steiner,
Themen aus dem Gesamtwerk, «Zur Sinneslehre».

116 Vgl. dazu H. Köhler: *«Schwierige» Kinder gibt es nicht.*

Literatur

Beuys, Joseph: *Ein erstes kurzes Bild von dem konkreten Wirkungs-felde der Sozialen Kunst.* FIU, Wangen [3]1997.

Beuys / Blume / Rappmann: *Gespräche über Bäume.* FIU, Wangen [3]1994.

Buber, Martin: *Ich und Du.* Lambert Schneider, Heidelberg [13]1997.

Briggs, John / Peat, F. Davis: *Die Entdeckung des Chaos. Eine Reise durch die Chaos-Theorie.* Hanser, München/Wien 1990.

Frankl, Viktor E.: *Ärztliche Seelsorge.* Fischer, Frankfurt [4]1994.

– *... trotzdem Ja zum Leben sagen. Ein Psychologe erlebt das Kon-zentrationslager.* dtv, München [16]1997.

– *Der Wille zum Sinn.* Hans Huber, Bern [3]1982.

Fromm, Erich: *Die Kunst des Liebens.* dtv, München [2]1997.

– *Psychoanalyse und Ethik.* dtv, München 1992.

– *Haben oder Sein.* Deutsche Verlagsanstalt, Stuttgart [17]1996.

– *Ihr werdet sein wie Gott.* rororo, Reinbek 1980.

Groener, Fernando / Kandler, Rose Maria (Hrsg.): *7000 Eichen – Joseph Beuys.* Buchhandlung Walther König, Köln 1987.

Heide, Paul von der: *Das helfende Gespräch. Schritte der Ich-Tätig-keit.* Freies Geistesleben, Stuttgart 1991.

Heisterkamp, Jens: *Der biotechnische Mensch.* INFO 3, Frankfurt 1995.

Hillmann, James / Ventura, Michael: *Hundert Jahre Psychotherapie – und der Welt geht's immer schlechter.* Walter, Solothurn 1993.

Jaspers, Karl: *Vom Ursprung und Ziel der Geschichte.* Piper, München 1983.

Jung, Carl Gustav: *Erinnerungen, Träume, Gedanken.* Hrsg. Aniela Jaffé. Walter, Olten/Freiburg i. Br. [8]1992.

Jungk, Robert / Müllert, Norbert R.: *Zukunftswerkstätten*. Heyne Sachbuch, München 1990.

Köhler, Henning: *Jugend im Zwiespalt. Eine Psychologie der Pubertät*. Freies Geistesleben, Stuttgart [6]1999.

– *Eros als Qualität des Verstehens*. FIU-Verlag, Wangen 1998.

– *«Schwierige» Kinder gibt es nicht. Plädoyer für eine Umwandlung des pädagogischen Denkens*. Freies Geistesleben, Stuttgart [4]1999.

– *Die stille Sehnsucht nach Heimkehr. Zum menschenkundlichen Verständnis der Pubertätsmagersucht*. Freies Geistesleben, Stuttgart [2]1995.

– *Vom Rätsel der Angst*. Freies Geistesleben, Stuttgart [3]2000.

– *Der Mensch im Spannungsfeld zwischen Selbstgestaltung und Anpassung*. Gesundheitspflege initiativ, Esslingen 1995.

– *Das biografische Urphänomen. Vom Geheimnis des menschlichen Lebenslaufes*. Gesundheitspflege initiativ, Esslingen 1998.

Längle, Alfried: *Wege zum Sinn*. Piper, München 1985.

Lévinas, Emmanuel: *Zwischen uns. Versuche über das Denken an den Anderen*. Hanser, München 1995.

– *Ethik und Unendliches. Gespräche mit Philippe Nemo*. Passagen, Wien [3]1986.

– *Totalität und Unendlichkeit. Versuch über die Exteriorität*. Karl Alber, Freiburg/München [2]1993.

Linde, Frank: «Die Impulse des Bösen am Jahrtausendende»; in *Flensburger Hefte* Nr. 60, 1/1998.

Lukas, Elisabeth: *Psychologische Seelsorge*. Herder, Freiburg/Basel/Wien [2]1993.

Lusseyran, Jacques: *Ein neues Sehen der Welt*. Dort: Gegen die Verschmutzung des Ich. Freies Geistesleben. Stuttgart 1997.

Meyer, Andreas (Hrsg.): *Seele und Geist. Ansätze zu einer spirituellen Seelentherapie*. Flensburger Hefte, Flensburg 1993.

Moritz, Hans: *Waldorfpädagogik und Existenzanalyse. Verträglichkeit und Ergänzung von Menschenbild und Erziehungsvorstellung*. Eine Dissertation. Helmut Seubert, Nürnberg 1996.

Müller-Wiedemann, Hans: *Mitte der Kindheit*. Freies Geistesleben, Stuttgart 1980.

Neumann, Erich: *Der schöpferische Mensch*. Fischer, Frankfurt 1995.

Nissen, Gerhardt (Hrsg.): *Psychiatrie des Pubertätsalters*. – Dort: Tellenbach. Hans Huber, Bern 1985.

Ortega y Gasset, José: *Über die Liebe*. dtv, München 1993.

Parfitt, Will: *Psychosynthese*. Aurum, Braunschweig 1993.

Piper, Klaus / Staisch, Karin: *Lust an der Kunst*. Dort: Kurt Kusenberg. Piper, München 1991.

Rappmann, Rainer (Hrsg.): *Die Kunst des sozialen Bauens*. Beiträge von und zu Wilhelm Schmundt. – Dort auch Rösch, Ulrich: *Von der Sozialwissenschaft zur sozialen Kunst*. FIU-Verlag, Wangen 1993.

– *Denker, Künstler, Revolutionäre. Beuys, Dutschke, Schilinski, Schmundt. Vier Leben für Freiheit, Demokratie und Sozialismus*. FIU-Verlag, Wangen 1996.

Rogers, Carl: *Therapeut und Klient*. Grundlagen der Gesprächspsychotherapie. Fischer Taschenbuch, Frankfurt am Main [11]1996.

Schärli, Otto: *Werkstatt des Lebens. Durch die Sinne zum Sinn*. AT, Aarau 1991.

Schiffer, Eckhard: *Der kleine Prinz in Las Vegas. Spielerische Intelligenz gegen Krankheit und Resignation*. Beltz-Quadriga, Weinheim/Berlin 1997.

Schmundt, Wilhelm: *Der soziale Organismus in seiner Freiheitsgestalt*. FIU-Verlag, Wangen 1993.

Schulte, Günter: *Philosophie der letzten Dinge. Liebe und Tod als Grund und Abgrund des Denkens*. Diederichs, München 1997.

Smerling, Walter / Weiss, Evelyn: *Der andere Blick. Heilungswirkung der Kunst heute*. – Dort: Gerhard Heinrich Ott. DuMont, Köln 1986.

Stalmann, Franziska (Hrsg.): *Lust an der Erkenntnis. Die Psychologie des 20. Jahrhunderts. Ein Lesebuch zur Psychotherapie*. Piper, München/Zürich [2]1992.

Steiner, Rudolf:
- *Die Philosophie der Freiheit. Grundzüge einer modernen Weltan-schauung. Seelische Beobachtungsresultate nach naturwissenschaft-licher Methode.* Gesamtausgabe (= GA) Bibl.-Nr. 4. Rudolf Steiner Verlag, Dornach / Schweiz.
- *Die Kernpunkte der sozialen Frage in den Lebensnotwendigkeiten der Gegenwart und Zukunft.* 1919. GA 23.
- *Aufsätze über die Dreigliederung des sozialen Organismus und zur Zeitlage 1915 – 1921.* GA 24.
- *Anthroposophie. Ein Fragment aus dem Jahre 1910.* GA 45.
- *Erfahrungen des Übersinnlichen. Die drei Wege der Seele zu Christus.* GA 143; darin der Vortrag «Die Liebe und ihre Bedeu-tung in der Welt», 17. Dezember 1912.
- *Das Karma des Berufes des Menschen in Anknüpfung an Goethes Leben.* 1916. GA 172.
- *Die soziale Grundforderung unserer Zeit. In geänderter Zeitlage.* GA 186; darin der Vortrag «Soziale und antisoziale Triebe im Menschen», 12. Dezember 1918.
- *Allgemeine Menschenkunde als Grundlage der Pädagogik.* 1919. GA 293.
- *Heilpädagogischer Kurs.* GA 317; Vortrag am 30. Juni 1924.
- *Über Gesundheit und Krankheit. Grundlagen einer geisteswissen-schaftlichen Sinneslehre.* 1922/1923. GA 348.
- *Zur Sinneslehre.* Themen aus dem Gesamtwerk, hrsg. von Chris-toph Lindenberg. Freies Geistesleben, Stuttgart [4]1994.
- *Vom Wirken der Engel.* Themen aus dem Gesamtwerk, hrsg. von Wolf-Ulrich Klünker. Freies Geistesleben, Stuttgart [3]1996.
Stüttgen, Johannes: *Die Skulptur 7000 Eichen von Joseph Beuys.* In: Groener/Kandler 1987 (s.o.).
- Die Begegnung Wilhelm Schmundt und Joseph Beuys als Ereignis der Kunst. In: Rappmann, *Denker, Künstler …* (s.o.),
- *Der plastische Umstülpungsvorgang.* FIU, Wangen 1993.
- *Zeitstau.* Urachhaus, Stuttgart 1988.

Wisser, Richard: *Kein Mensch ist einerlei. Spektrum und Aspekte «kritisch-krisischer Anthropologie».* Königshausen & Neumann, Würzburg 1997.

Witzenmann, Herbert: *Strukturphänomenologie. Vorbewusstes Gestaltbilden im erkennenden Wirklichkeitenthüllen.* Gideon Spicker, Dornach 1983.

Henning Köhler

Was haben wir nur falsch gemacht?

*Kindernöte, Elternsorgen
und die verflixten Schuldgefühle.
Praxis Anthroposophie 60
352 Seiten, kartoniert*

Wie kann ich verständnisvoll auf mein Kind eingehen, ihm ein tröstender Begleiter auch durch schmerzliche Erfahrungen sein?

Wenn man als Mutter oder Vater Schuld bei sich sucht, dann liegt sie in etwas ganz anderem begründet, als wir gemeinhin glauben: Unaufmerksamkeit ist Schuld! Ungenügende Aufmerksamkeit für das Besondere, ganz und gar Eigene des Kindes, das sich nur entfalten kann, wenn es durch liebende Aufmerksamkeit hervorgerufen wird.

Verlag Freies Geistesleben

Henning Köhler

«Schwierige» Kinder gibt es nicht

Plädoyer für die Umwandlung des pädagogischen Denkens.
Praxis Anthroposophie 40
176 Seiten, kartoniert

Am Ende des 20. Jahrhunderts, das oft als «Jahrhundert des Kindes» apostrophiert wurde, breitet sich in Bezug auf die Erziehungsfrage eine Krisenstimmung aus, die sich bis zu Kassandrarufen einer bevorstehenden Katastrophe steigert. Das Unbehagen rührt vor allem daher, dass immer mehr Kinder sogenannte Verhaltensstörungen oder Verhaltensauffälligkeiten zeigen und als erzieherisch schwer führbar gelten.

Henning Köhler geht der Frage nach, ob tatsächlich davon gesprochen werden kann, dass «die Kinder immer schwieriger werden», oder ob die allgemeine Bewusstseinslage und die gesellschaftlichen Verhältnisse auf eine für Kinder unerträgliche Situation zutreiben: Wer oder was ist hier eigentlich «schwierig»?

Köhler stellt gewohnte Denkschablonen in Frage und umreißt in Grundzügen einen spirituell vertieften Erziehungsbegriff, der aus der gegenwärtigen Sinnkrise herausführen kann.

Verlag Freies Geistesleben